没有自控力，你谈什么人生

谢国计 著

北方文艺出版社

图书在版编目（CIP）数据

没有自控力，你谈什么人生 / 谢国计著 . -- 哈尔滨：北方文艺出版社, 2019.12
ISBN 978-7-5317-4677-5

Ⅰ.①没… Ⅱ.①谢… Ⅲ.①情绪－自我控制－通俗读物 Ⅳ.① B842.6-49

中国版本图书馆 CIP 数据核字（2019）第 236581 号

没有自控力，你谈什么人生
Meiyou Zikongli, Ni Tanshenme Rensheng

作　　者 / 谢国计	
责任编辑 / 路　嵩	封面设计 / 米　乐
出版发行 / 北方文艺出版社	邮　编 / 150080
发行电话 /（0451）85951921 85951915	经　销 / 新华书店
地　　址 / 哈尔滨市南岗区林兴街 3 号	网　址 / www.bfwy.com
印　　刷 / 三河市人民印务有限公司	开　本 / 880mm×1230mm　1/32
字　　数 / 180 千	印　张 / 8.75
版　　次 / 2019 年 12 月第 1 版	印　次 / 2019 年 12 月第 1 次印刷
书　　号 / ISBN 978-7-5317-4677-5	定　价 / 42.00 元

目 录
contents

第一章
那些有成就的人，个个都是自控大师

1. 心理自控力究竟是什么　　// 003
2. 自控力从何而来如何形成　　// 006
3. 到底是谁在控制你　　// 009
4. 做内心世界的旁观者　　// 012
5. 信念的神奇力量　　// 016
6. 既然选择了，就不轻易说放弃　　// 019
7. 真正优秀的人，从不抱怨　　// 023
8. 自控力是高效自我管理的基因　　// 027

第二章
情绪不失控，建立积极的心理暗示

1. 这些人为什么会失控　　// 033

2. 懂得制怒才能培养好脾气　　// 036

3. 不要因一时失控而毁掉一件事　　// 040

4. 永远不要做消极的假设　　// 043

5. 逃避心理要不得　　// 046

6. 如何克服心理摆效应　　// 049

7. 学会及时宣泄不良情绪　　// 053

8. 别让未发生的事情影响你的情绪　　// 056

9. 负面情绪消耗着我们的精神　　// 059

10. "情绪风暴"中人心容易失控　　// 063

第三章
从重度焦虑到自控达人的距离有多远

1. 改掉忧心忡忡的习惯　　// 069

2. 忙起来，你就没时间想那些不开心的事　　// 072

3. 给规定一个最后期限　　// 075

4. 倾诉疗法：把你的担忧说出来　　// 078

5. 谁有最大的野心，就有最大的焦虑　　// 081

6. 接纳会犯错、有瑕疵的自己　　// 085

7. 不要在别人的标准里迷茫　　// 088

8. 拒绝自责，让纠结焦虑的内心戏见鬼去吧　　// 092

9. 在焦虑中学会和自己相处　　// 096

10. 过去的错误，要么尽力补救，要么放下　　// 099

第四章
减负前行，做心理压力的调节师

1. 换个角度，逆境就会帮到你而不是伤到你　// 105
2. 被拒绝，先别打退堂鼓　// 108
3. 挖掘潜能，提高个人逆商　// 112
4. 学会迅速适应环境　// 115
5. 错的不是压力，而是你不懂休息　// 119
6. 善待欲望，让欲望成为你的奴隶　// 123
7. 学会为了一棵树而放弃整个森林　// 126
8. 压力太大，只因索求太多　// 129
9. 懂得为人生做减法　// 131

第五章
意志力的本能：守得住欲望，抵得过诱惑

1. 被欲望左右的人生一定很苦　// 137
2. 为什么人的权力欲望会不断膨胀　// 141
3. 当出轨成癖，该如何处理　// 145
4. 为什么暧昧让人欲罢不能　// 148
5. 跳槽，冷静面对高薪诱惑　// 153
6. 沉迷于网络游戏怎么办　// 157
7. 关灯刷手机？戒了吧　// 160
8. 大声对赌博说"不"　// 164
9. 请放弃你的无效社交　// 167

第六章
该死的拖延症,为什么我们进入不了状态

1. 事情并没有你想象的那么难　　// 173
2. 有一种拖延是,你嫌麻烦不想开始　　// 177
3. 从来没有万事俱备的时候　　// 181
4. 如果你一直等待灵感来敲门,你的作品将少得可怜　　// 184
5. 把你对自己的期望值调低一点　　// 188
6. 完成比完美更重要　　// 192
7. 早上越犹豫越起不来　　// 195
8. 制造等不及的"紧迫感"　　// 199

第七章
约束注意力,获得专注的力量

1. 极度专注于你"想做的一件事情"　　// 205
2. 对任何分散精力的人或事说"不"　　// 208
3. 把注意力集中在你正在进行的工作上　　// 212
4. 控制你的注意力,避免被无用信息绑架　　// 215
5. 朋友圈里"努力"的戏精们,请悄悄努力吧　　// 219
6. 把一件事做到极致,胜过平庸地做一万件事　　// 222
7. 提高你的抗干扰力　　// 224
8. 先定一个目标,然后开启全力攻坚模式　　// 227
9. 小心,别中了"那又如何"效应的毒　　// 231

第八章
更新自我,拒绝被坏习惯"绑架"

1. 暴躁:温和的态度更有力量　　// 237

2. 生气:别再拿别人的错惩罚自己　　// 241

3. 自大:清醒地认识自己的实力和处境　　// 245

4. 冲动:保持清醒理智的头脑　　// 249

5. 自私:懂得分享,你将会得到更多　　// 253

6. 自卑:自信一点,你不必任何人差　　// 257

7. 浮躁:静下心来做好一件事　　// 261

8. 找借口:多找方法,你的能力自然会提高　　// 265

9. 依赖:靠谁,都不如靠自己　　// 268

第一章
那些有成就的人,个个都是自控大师

1. 心理自控力究竟是什么

生活中我们常有很多管不住自己的时刻，例如随意吃垃圾食品、冲动购物、抽烟酗酒、沉迷手机游戏……虽然每次"犯错"后，我们都会赌咒发誓"以后再也不……了！"可事到临头却又忍不住重蹈覆辙。

心理学上对自控力的解释是一个人面对一些事物、突发事件、感情问题、金钱、权利等诱惑，所表现出的自我控制能力。萧伯纳说："自我控制是最强者的本能。"凡是有大成就的人，几乎都是自控能力非常强的。

马云在创业之初，就给自己制定了一条铁律，那就是无论什么情况之下，都不会开发游戏，进入游戏行业。后来，他创办了阿里巴巴，获得了巨大的财富。当腾讯公司凭借游戏一天收入5个亿的时候，马云依旧不为所动，继续坚持不进入游戏行业。

成功的人能够在大多数时刻，很好地利用自控力，来让自己逐渐走向自己所设定的方向。因此，他们最终达到了自己当初所期待的目标。

心理自控力是抵抗诱惑的能力。生活和工作中，充满了众多的诱惑。面对这些诱惑，很多人是经受不住的，这就是自制力不强的表现。

对于我们大多数的上班族，白天忙碌工作了一天，回到家里面，甚至连一点力气都没有了，别说是写一点东西，就是打开电脑的力气都没了，恨不得早点睡觉。再加上现在智能手机的兴起，电子产品对于大多数上班族的吸引力变得越来越大。上班族下班以后，大部分人都会打开手机，刷刷新闻、刷刷短视频、追剧等等。

这些放松的方法，对于很多上班族都是极具诱惑力的。而著名畅销书作者"特立独行的猫"却能够在这样的诱惑下，依然坚持写作。这就是她自控能力强到足够抵抗诱惑所产生的结果。

心理自控力是自我约束的能力。"特立独行的猫"被网友们亲切地称为"星爷"。从大学毕业工作开始，每天晚上无论下班多晚，都会坚持在租住的房间里面写1500字。经过长达7年的坚持，最终完成了成为作家的梦想。

在日常生活中，我们难免受别人的影响。而这种影响往往被人们称为"面子"，在"面子"的影响之下，很多人往往会跟随着别人行动，受别人的影响。比如你本来想下班回家看看书，结果下班以后，同事非要拉着你去吃饭。因为不愿意拒绝同事的好意，并且不愿意得罪同事，最后不得不去。

这就是没有自我约束的能力。在做一件事情的时候，我们很容易被另外一件不相关的事情所干扰，自控能力也就丧失殆尽了。所以，心理自控能力是自我约束的体现和结果。

心理自控力是对自己拥有充足的信心的坚持力。我们在决定做一件事情的时候，之所以做几天就坚持不下去，甚至是忘记去做了。是因为我们对自己没有信心，对自己没有信心也就是自控能力不强。

当我们去做一件事情的时候，还没有去做，脑海中就认定自己不可能成功。结果不是迟迟不愿意开始去做，就是做了几天便坚持不下去了。没做以前对自己就没有自信，自然也就不会有自制力了。如果我们对自己有信心，相信自己能够做到，那么也会拥有坚持下去的勇气，这样我们就会控制住自己，不被别的事情干扰，坚持做一件事情，这就是自控力。

心理自控力是对外界诱惑的抵抗力；是对自我的约束力；是对自我充满信心所拥有的坚持力。总之，自控力能够促使我们走向我们给自己设定的目标，这是我们所需要拥有的能力。

2. 自控力从何而来如何形成

　　自控力帮助我们控制情绪，确定前进方向，抵制诱惑，实现不断进步，从而超越自我。自控力的产生和形成过程是复杂的，只有我们明白了其中的缘由，才能更好地去培养和利用它。

　　在我们的大脑中，存在着热系统和冷系统这两套系统。在人脑不断进化的过程中，最先形成的是热系统。热系统主要的作用是管理愤怒、恐惧等原始情绪，同时也管理着诸如：饥饿、口渴等人的基本生理本能。它的特点是不需要人的主观思考，就能迅速对外部的刺激做出反应。比如我们饿了以后，就会拿起面包吃；当我们在野外看到狼时，就会立刻逃跑。

　　热系统可以帮助我们快速做出反应，正因为这个特点，导致了我们很容易头脑发热，从而丧失自控能力。

　　与热系统相反，我们大脑内还存在着一套冷系统。冷系统是由于我们在脑进化的后期，通常是指大脑前额叶皮层，它让我们拥有了一般动物不具备的认知能力，在这种能力之下，我们就可以轻松地完成复杂的数学运算，并能够通过归纳和演绎进行合理的决策，以及可以通过想象，构思出不存

第一章
那些有成就的人，个个都是自控大师

在的事物。

正是由于我们大脑中的冷系统存在，我们能够通过各种手段，比如转移注意力、思考长远利益等等，来达到延迟满足感，形成自控力。

热系统和冷系统还有更为人们所熟知的名字：感性和理性。最新心理学研究发现：我们做出的决策都是感性的，由感情决定的，而理性只不过是感情的附庸而已。虽然这个研究跟我们以前理解的有很大的不同，一般观点认为感性和理性是分开的，它们之间是相互独立的。但科学家通过扫描人在决策时候的大脑时发现，做出决策的区域分为"伏隔核"和"岛叶"，这两个区域能够产生愉悦感和不愉悦感，当前者强于后者的时候，行动就会进行，否则行动就不进行。

理性思考的大脑连接的区块能够产生"多巴胺"，这就是说，理性思考是从感情脑区生长出来的。理性思考是感情脑区的一个工具。我们想要做出理性的行动，需要让理性战胜感性，这就需要我们让理性区块获得愉悦感。

在自控力形成的过程中，要不断地愉悦理性区块，这需要消耗大量的葡萄糖。因此，自控力也是一种生理现象。如果没有葡萄糖也很难维持自控力。试想一下，我们在饥肠辘辘的情况之下，还能抵制住美食的诱惑吗？"仓廪实则知礼节，衣食足则知荣辱。"在保证身体能量足够的情况之下，我们才能保证清醒的头脑，愉悦理性区块。让理性压制住感性，从而做出理性的选择和行动。

自控力形成是一个漫长的过程，保证体内拥有足够的能量只是前提。想要真正形成自控力，还需要长期不断地愉悦理性区块，让我们的理性思维逐渐控制我们。

我们随着年龄的增长，经历会变得丰富，便会越来越理性。这是因为通过大量的外部刺激，神经系统会不断地发育、成长。当我们的神经系统发育到一定程度以后，就会对大脑皮层产生巨大影响，而大脑皮层能够影响自控力。

另外，在外部环境的影响之下，我们会形成不同的性格。性格特征也是影响自控力的重要因素。通常来说，性格暴躁，极易动怒的人，往往自控力比较弱。相反，那些性格沉稳的人，往往拥有更强的自控能力。

还有，认知水平和交往的朋友也是影响自控力形成的重要决定因素。有研究表明：学历越高，人的自控能力相对越高。同一件事情，每个人都有不同的看法，有的人认为值得去做；而有的人则认为不值得去做。比如有的人在路上看到了垃圾，会随手捡起来放到垃圾桶里面，而有些人则不会这么做。而那些随手捡起垃圾来的人，几乎都拥有强大的自控力。

如果我们认为一件事情没有必要去做，即使由于外在因素，不得不去做，在做的过程中，也非常容易被其他的事情所干扰。

"近朱者赤近墨者黑",与什么人交往,往往就会变成什么样的人。在每个人成长的过程中,那些接触最多的人,往往对我们的影响最大。在形成自控力的过程中,身边的朋友也是重要的影响因素。和自控能力强的人做朋友,就会逐渐变得自控;相反,则会出现自控能力低下。

自控力的产生在我们的身体之内,而形成的过程却受到外界的环境的影响。在外部环境的影响之下,我们要不断地变得理性,做事要三思,经过考虑之后,再做出决定,不断增强我们的自控力。

3. 到底是谁在控制你

想要拥有苗条的身材,开始计划减肥,没过多久就把详细的计划制定出来,可每次到具体实施的时候,不是推迟,就是干脆不做了;计划要早睡早起,晚上却忍不住追剧,一直熬到深夜,白天起晚了,发一个短信给公司请一个假……

生活中,这样的事情每时每刻都在我们身边发生。我们给自己制定的一个又一个计划,总是因为各种理由和借口,没有真正执行到最后。我们痛恨自己,讨厌什么都完不成的状态,讨厌当前的生活,更讨厌自己。但是,我们又控制不了自己,直到把生活搞得一团糟。

有时，我们会自言自语问自己：到底是谁在暗中控制着我们？为什么我们有心无力，总是感觉自己不被自己控制？

心理学家通过研究发现：我们每个人的大脑中，都有两个自己，当我们在做事时，一个告诉我们要随心所欲，及时行乐；而另外一个则会告诉我们，做事不要冲动，要有计划。我们一旦在这两个选择之间摇摆不定，内心就会发生激烈的斗争。当我们面临必须要做出选择时，人的本能就是选择更容易实现的事情。

大多数人都选择了去做更容易实现的事情。这是因为大多数人更愿意活在安逸区内，不愿意跳出安逸区，来强迫自己做一些有难度、有挑战的事情。而成功往往只眷顾那些放弃安逸，勇于拼搏的人。

有"小超人"之称的李泽楷，1991年回到香港创业，从Star TV到电讯盈科整宗交易，通过行使手上的电盈认股权、卖出套现等，获取了巨额的收获，市场估计他至少赚取了超过50亿港元的收益。

1993年，他又把自己经营了很多年的Star TV以9.5亿美元卖出，年轻的他获得了人生第一桶金，从此声名鹊起。

2009年，他获得了2008年世界杰出华人勋章。

李泽楷作为超级富二代，本可以靠着父亲的财力、影响力活在一个舒适的区域中，要什么有什么。而他却选择不待在父亲的光环之下，自己创业，创造属于自己的财富和名

第一章
那些有成就的人，个个都是自控大师

声。他成功的原因，肯定跟父亲的教育有关。但其根本原因是，他有足够的自控力，能够控制自己，从而避免自己陷入享乐的旋涡，不能自己，迷失自己。

现实生活中，那些没有自控力的人，不仅害了自己，还牵连了别人。我们见到了太多的星二代、富二代，是如何放纵、享乐，最后毁了自己，父母也跟着丢失了面子。而他们之所以会走上这样的道路，往往是在父母的宠爱下，要什么有什么，他们更愿意待在舒适区，不愿意出去，一旦遇到不顺心的事情，往往会选择逃避。

所以，我们不能贪图安逸，让舒适控制我们，而要提高我们的自控力，把控制我们的主动权拿到我们的手中，才能活出真我，使我们成为一个真正独立、自信且有成就的人。

2011年电影《翻滚吧！阿信》在中国内地上映，迅速引起了一波观影热潮。很多人看过这部电影后，都惊叹主角彭于晏的完美身材。大多数人不知道的是，彭于晏曾经也胖过。小时候，他爱吃，看到家里有什么东西就要吃光。他上小学的时候，身高158cm，体重却超过了70kg，完完全全是一个标准的大胖子。

后来，因为自己的身材问题，没有人愿意找他拍戏。于是，他开始了减肥之路，除了不断运动，还开始节食，经过长时间的坚持，他终于练就了一身完美的身材，也接到了众多戏，并大火。

如果彭于晏没有强大的自控力，他就不可能保持完美的身材这么多年。拒绝生活中的诱惑是非常困难的，除非我们拥有强大的自控力。

拥有强大的自控力，我们会勇敢地走出舒适区，敢于拼搏。舒适区待得久了，我们就会失去对进步的渴望，停滞不前，甚至是倒退。而我们每一个人都希望自己有所成就，不愿看到麻木不仁的自己。

拥有强大的自控力，我们会更加努力。努力永远是赶超别人，超越自己的基础，没有努力，很难做好一件事情。大多数人在追赶别人的时候，都会私下下工夫，可总会拼命几天，就放松脚步，停止努力的步伐。此时，能够帮助我们继续保持努力，就需要强大的自控力。

我们要走出舒适区，不要再被舒适所控制，形成强大的自控力，依靠我们的力量去努力、去奋斗，去实现我们的梦想。

4. 做内心世界的旁观者

情绪，时刻伴随着我们成长的每一个过程，形影不离。无论你是智力不成熟的小孩，还是成年人，都逃脱不掉。刚刚出生的婴儿会"哇哇"大哭，临终的老人眼角会满含泪

第一章
那些有成就的人，个个都是自控大师

珠……之所以会千差万别，是因为每个人对于自我情绪的认识和看法不同。

美国心理学家阿尔伯特·埃里斯通过对情绪进行长期的研究，得出了情绪 ABC 理论。在他的理论中认为：激发事件 A 是引发情绪和行为后果 C 的间接原因，而引起结果 C 的直接原因是由 A 引发的情绪，经过对诱发事件的看法、评价 B，最终导致了结果 C。

也就是对事物的不同看法，会产生不同的情绪。在不同的情绪的影响之下，每个人又会做出不同的反应，导致各种各样的结果。

要正确认识自己的情绪，需要探究我们自己对诱发事件所产生的看法和评价 B，以及产生这种看法和评价的诱因。

生活中，我们会说一些人的情商真高，在遇到一些人际交往，或者对待感情时，能够游刃有余，应付自如。这也就是说明，这个人待人接物能够以一个旁观者的角度，来审视自己的内心，通过自控力来合理地控制自己的情绪，不让自己情绪失控，做自我情绪的有效管理者。一个情商很高的人，往往能够客观地看待一件事，并从客观角度进行分析和评价，从而做出合理的行动。

在一次采访中，谈到了黄渤年轻的时候，有一个记者就问："你年轻的时候还蛮帅的，你是怎么把自己弄成现在这样的？"

黄渤没有考虑太久，就回道："多参加管虎、宁浩几位导演拍的戏就可以了。"还有一次，黄渤在2011年国庆期间上了《谢天谢地你来啦》，和崔永元一起录制节目的时候，崔永元知道黄渤有三个外号，于是见到黄渤就问："听说有不少人骂你，甚至还给你取不少外号？"

黄渤说："对，其中有一个绰号是骂我的而且很难听。"

崔永元问道："什么绰号？"

黄渤说："实在太难听，我不好意思说，怕侮辱你！"

崔永元笑着说："没事，我不怕被侮辱！"

黄渤故作愤怒地说道："这绰号太侮辱人了，今天我来有人喊我崔永元，太气人了，我心说你才是崔永元呢！"

面对别人的冷嘲热讽，故意挑衅，黄渤并没有因此而情绪失控，而是坦然自若，用自己高情商，化解了一个又一个难题。充分展示了他对于自己内心世界的把控。

我们想要正确认识情绪，就必须把握住 ABC 理论中关键的 B，也就是对诱发事件的看法和评价。在面对诱发事件时，抛弃不合理的看法和评价，找到积极的应对方案，不以消极被动的认知对事件进行应对，从而客观理性地分析，让理智压制冲动，以一个旁观者来看待情绪。

当一件事发生时，一些人抱着合理看法和评价的人，以积极乐观的态度面对问题；一些人却被不合理的看法和评价左右，表现出压抑、焦躁、忧愁。我们对情绪的看法和评价，主要是由环境因素、认知因素、归因因素、重要他人因素等几个方面共同影响的。

环境因素。环境因素分为：社会大环境和生活小环境这两个方面。我们处在的社会环境，促成我们形成不一样的社会价值观。而生活中的小环境，则会潜移默化地影响着我们，使我们所形成的价值观发生变化。当我们的价值观形成以后，我们对于一件事情的看法和评价，就会不同，这也是导致我们情绪不同的关键因素。

认知因素。每个人对事物的认知都是不同的，认知的程度不同，对待一件事时，情绪也就会不同。比如下班前，突然下起了雨，有的同事则会抱怨，不能及时到家，影响心情。而有的同事则感觉没什么，顺便可以加会班。

归因因素。同样是面对一个挫折，有的人认为这很正常，凡事都会如此，继续努力就行了；相反有的人则会抱怨自己的运气不佳，自信心受到严重打击。

他人因素。我们都生活在社会中，每时每刻在跟别人打交道。所以，很多人会非常在意别人的看法。当我们遇到事情的时候，那些容易失控的人，总是觉得在众人面前不能失面子，于是做出出格的事情。

根据情绪 ABCDE 理论，我们想要控制自我情绪，就要调节自我对诱发性事件的认知、看法，摒弃不合理信念，让合理信念控制思维，从而产生新的、积极的情绪。

只有我们客观地面对自己的情绪，做内心世界的旁观者，才能做情绪的主人，才能做自己人生的掌舵者。

5. 信念的神奇力量

罗曼·罗兰曾说过，人生最可怕的就是没有坚强的信念。所以，坚定内心，守住信念，方能勇往直前。能够到达金字塔的两种动物是雄鹰和蜗牛，雄鹰展翅高飞，靠的是天赋异禀，蜗牛靠的是信念。

马云在创建阿里巴巴之初，就把让天下没有难做的生意，奉为自己毕生的追求。为此，他创办了中小型企业生意平台阿里巴巴。阿里巴巴诞生之初，入驻的企业，几乎都是小企业。

当阿里巴巴逐渐发展壮大以后，为了让商家运营成本降低，他又开始组建菜鸟网络，把物流统一起来，降低快递成本。随着阿里巴巴的上市，马云开始向全球扩展，2015年6月，西班牙国家馆正式上线天猫国际。2016年提出eWTP（全球电子贸易平台），在马云最忙的时候，一年飞行超过800个小时，走访了40个国家和地区，对各国首脑政要推销自己的eWTP，吸引更多的中小型企业参与进来。

通过多年的努力，终于取得了巨大的成效。

第一章
那些有成就的人，个个都是自控大师

信念能够帮助我们排除干扰，提高自控力，让我们努力把所有的事情都向好的一面去做。2002年贝勒医学院将一项研究发表在了《新英格兰医学杂志》上。在他们的研究中，他们把接受膝盖手术的病人分为三个小组，第一小组的病人，医生把他们膝盖上的软骨切除，第二小组的病人，医生把他们的膝关节彻底清除，清除了被认定引起炎症的物质。第三小组的病人，医生并没有真正给他们做手术，而是让病人服下镇静药后，医生做了三个标准切口，然后像真正手术一样，跟他们说话、行动，甚至他们泼洒盐水，制造膝盖清洗步骤的声音。大约四十分钟以后，就像真的做手术一样，医生缝合了切开的伤口。医生给三个小组的病人都开了同样的术后护理药方，以及锻炼计划。

结果却让研究者们震惊。没有动手术的那一个小组的病人，康复情况竟然和其他的两组一模一样。其中，有一位术前必须靠拐杖才能走路的人，现在竟然可以和他的孙子进行篮球比赛了。他对《探索健康》频道说："在这个世界上，只要你有信念，一切都是有可能的。我知道信念能够创造奇迹。"

有一年，一支英国探险队进入撒哈拉沙漠的某个地区，在茫茫的沙海里跋涉。阳光下，漫天飞舞的风沙像炒红的铁砂一般，扑打着探险队员的面孔。大家的水都没了，嗓子渴得快冒烟了，这时，探险队长拿出一只水壶，说："这里还有一壶水，但穿越沙漠前，谁也不能喝。"

没有自控力,你谈什么人生

一壶水,成了穿越沙漠的信念之源,成了求生的寄托目标。水壶在队员手中传递,那沉甸甸的感觉使队员们濒临绝望的脸上,又露出坚定的神色。终于,探险队顽强地走出了沙漠,挣脱了死神之手。大家喜极而泣,用颤抖的手拧开那壶支撑他们的精神之水——缓缓流出来的,却是满满的一壶沙子!

炎炎烈日下,茫茫沙漠里,真正救了他们的,又哪里是那一壶沙子呢?他们坚持下去的信念,已经如同一粒种子,在他们心底生根发芽,最终领着他们走出了"绝境"。

信念永远支撑着我们不断地前行。拿破仑曾经非常豪迈地说:"在我的字典里,没有不可能。"就是凭借着这样的信念,激发出拿破仑无穷的斗志,并使他发挥出无与伦比的军事才能,最终,横扫整个欧洲,成为欧洲的霸主。

当我们在做一件事情的时候,一定会遇到困难,而且遇到的困难次数一定不止一次。在众多的困难面前,如果我们只是靠着我们的勇气来克服。那么,在经历过几个困难之后,我们便会退缩,变得不再勇敢。

相反,如果支撑我们渡过每一个难关的是信念,那么,我们的自控力就会变得非常强,会坚持把事做完,逐渐积累,总有一天会克服所有的困难。比如马克思的信念是为解放全人类而奋斗,不论是穷困潦倒,不能满足自己的衣食,还是受到政治迫害后的窘境,他都坚持过来了。

现代的脑神经科学已经探知，我们人类的大脑在进行思考的时候，会在脑中分配一块区域，这个区域能够得到更加充足的供氧和血糖供给。当这一块区域被激活以后，再加大血糖和氧气的供给以后，就会加速这一区域的大脑发育，这就意味着，只要我们通过不断地使用，就能够不断地强化这一区域，当这一区域被强化到一定程度以后，我们的大脑就形成了固定的强连接。

曾获得过诺贝尔生理学奖的坎德尔通过研究发现：人的每一个知识技能的获得，都需要一个过程，在这个实现的过程中，会影响大脑物理结构的改变。所以，如果我们能够将内心的信念通过一次次困难，进行不断地重复，在我们的大脑中，就会形成一块区域，跟大脑固定连接。一旦形成，我们的自信和自控力就将无限大，勇于面对任何困难。

信念的力量很神奇，也相当强大，能够创造出奇迹。我们要形成自己的信念，并牢牢记在心中，它会在我们的未来发挥巨大的作用。

6. 既然选择了，就不轻易说放弃

生活中有这样一群人，他们下定决心去做一件事，可一遇到困难，就举步不前，毫不犹豫地选择放弃。

没有自控力,你谈什么人生

轻易放弃正在做的事,往往让人沮丧,对自己失去信心。长此以往,一个人很难再独立完成一件事情。

很多人之所以选择轻易放弃,是因为他们在经历挫折和困难以后,内心受到冲击,从对未来充满信心的顶峰,一下子跌落到谷底。他们往往受不了这种打击,控制不住自己的失落感,从而丧失对未来的信心,对自己的能力表现出怀疑的态度。他们会认为自己的能力不足,不能够做好这件事,从而使他们最终选择放弃。

提高我们的自控力,在遭遇困难和挫折时,不让自己跌入情绪失落的谷底,让自己充满希望,鼓励自己不断地前行。

马云说:"今天很残酷,明天更残酷,后天很美好,让我们努力奋斗来迎接后天的辉煌吧!"无论是在我们创业、生活,还是工作中,每个人总要经历一些风风雨雨,遇到各种各样的情况,遭遇挫折、失败原本也是非常正常的事。可有些人,就是遇不得挫折,经不起打击,一旦遭遇挫折,就一蹶不振,整日浑浑噩噩,麻痹自己。殊不知,所谓的失败都是暂时的,但是一个人因一次失败而失去了希望,放弃了追求,那最终也只能接受彻底失败。

遭遇一次两次的失败,没什么大不了的,我们这辈子的路还很长,并不是遭遇挫折就是世界末日,更不能从此一蹶不振,迷失自己,要知道,所有的挫折、失败都有应对它的措施，只要在遭遇挫折、失败以后，尽快从惋惜和痛苦中走出来，找到失败的原因并加以修正克服，前进途中的你又会是一个全新的、优秀的你！

中国阿里巴巴首席执行官马云在刚开始创业的时候，也是举步维艰。第一次创立海博翻译社，第一个月全部收入才700元，而当时每个月的房租就是2400元。于是好心的同事朋友就劝马云别瞎折腾了，就连几个合作伙伴的信心都发生了动摇。

但是马云没有想过放弃，为了维持翻译社的生存，马云开始贩卖内衣、礼品、医药等等小商品，跟许许多多的业务员一样四处推销，受尽了他人的白眼。

整整三年，翻译社就靠着马云推销这些杂货来维持生存。1995年，翻译社开始实现赢利。现在，海博翻译社已经成为杭州最大的专业翻译机构。虽然不能跟如今的阿里巴巴相提并论，但是海博翻译社在马云的创业经历中却划下了重重的一笔。

第二次创业开始，马云和朋友一起凑了10万元，做了一个网络黄页网站。很多人都说，做网络公司，没个几百万上千万是玩不转的。对于中国黄页来说，创办初期，资金也的确是最大的问题。由于开支大，业务又少，最凄惨的时候，公司银行账户上只有200元现金。但是马云以他不屈不挠的精神，克服了种种困难，把营业额从0做到了几百万。

没有自控力,你谈什么人生

第三次,也是大家最熟悉的阿里巴巴网站,在创业初期也是相当艰难的。每个人工资只有 500 元,公司的开支一分钱恨不得掰成两半来用。外出办事,发扬"出门基本靠走"的精神,很少打车。据说有一次,大伙出去买东西,东西很多,实在没办法了,只好打的。大家在马路上向的士招手,来了一辆桑塔纳,他们就摆手不坐,一直等到来了一辆夏利,他们才坐上去,因为夏利每公里的费用比桑塔纳便宜 2 元钱。

甚至,有一段时间,阿里巴巴因为资金的问题,到了几乎维持不下去的地步。但是,由于马云和他的创业团队的不懈坚持,最终,缔造了中国互联网史上最大的奇迹。

"坚持就是胜利",我们既然选择了一件事情,只有将其坚持下去,无论遇到什么困难,都不放弃,相信自己,并为之付出,才有可能获得胜利。

我们在做一件事时,放弃就等于失败,就等于放弃了任何成功的机会。而我们不轻易放弃,坚持下去,就有成功的可能。无论成功的可能性是大是小,只有希望,我们就有奋斗的动力。

既然选择了,就不要轻易放弃。"与天斗,其乐无穷;与地斗,其乐无穷。"只要我们充满斗志,我们的明天就是充满希望和光明的。

7. 真正优秀的人，从不抱怨

"爸妈太过分了，从来就不理解我！"
"我的同事怎么可以这样说我呢？"
"领导从来就没有关注过我！"
"每天除了工作就是工作，没有一点空暇时间！"
……

总有一些人，一天到晚都在抱怨工作！抱怨家庭！抱怨社会！没有人的生活是一帆风顺，万事如意的。生活并不都是那么的完美，世界也并不是完美无瑕，不平衡、不满足、不公平的事情也太多，而我们却要经常因为这些问题花费时间、精力来抱怨！

我们可以看到那些经常抱怨的人，往往是毫无成就，甚至是一事无成的人。他们之所以会把自己宝贵的时间浪费在无聊的抱怨之中，是因为他们缺乏自控力，不能停止抱怨去思考应该怎样去应对、接下来应该怎样去做。

成功优秀的人士哪一个是靠着怨天、怨地、怨世界、满腹牢骚成功的呢？又有哪一个是没有经历过失败就直接登上荣誉顶峰的呢？越是成功的人，经历的苦难挫折也就越多，可是我们听过那些人的埋怨吗？

雀巢公司的创始人亨利·内斯特莱从小生活富足，但在他十九岁的那年，他家因为政治迫害而被迫逃到瑞士，贫困让他尝到了生活的艰辛，他的脾气也因此变得十分暴躁。

洪水过后，亨利来到了一块被冲毁的农田旁边，长势良好的庄稼被洪水无情的摧毁，一片狼藉，这让他不禁想到了自己的命运，正在这时，他看到一个正在劳作的农民，庄稼已经成了这样了，他还在忙什么？他好奇地想。走近后，他发现那个农民正在补种庄稼，他干得非常卖力，脸上看不到一点沮丧的神情。"庄稼被毁掉了，你难道一点也不生气吗？"他问。"抱怨是没有一点效果的，那样只会使事情变得更糟糕。这都是上帝的安排，您看洪水虽毁坏了我的庄稼，但是却带来了丰富的养料，我敢保证今年一定是个丰收年。"说完，农民哈哈大笑起来。

农民的话给了他极大的启发，是啊，抱怨不能改变任何事实，只能使事情变得更糟糕。他对农民深深地鞠了一躬，觉得心中的郁闷与不快都烟消云散了。

后来，他成了一名药剂师助手，他特别喜欢科学研究。那时，婴儿因没有合适的奶制品，死亡率很高，他开始研究可以减少婴儿死亡的奶制品。在研制的过程中。他经历过很多次失败，每次失败时他都会想到那位农民的话，不生气不抱怨，以更加积极的心态投入到研究中去。1867年他成立了自己的食品公司，用他研制的一种将牛奶与麦粉科学地混制而成的婴儿奶麦粉，成功地挽救了一位因母乳不足而营养不良婴儿的生命，并创立了雀巢公司。

在美国著名心灵导师、全球"不抱怨运动"发起人威尔·鲍温看来，人们喜欢抱怨主要有5方面原因。

第一，当自己得不到更多关注时，就容易抱怨，这是人的心理诉求。比如，我们向他人抱怨工作繁重，潜意识是希望别人多做一些。

第二，人们想逃脱自己的责任，或在工作、家庭中遇到问题。

第三，出于炫耀心理，因为人们总会抱怨和自己不一样的人，当他抱怨别人缺点时，其实就在暗示自己没有这种缺点。

第四，有的人抱怨是因为自己表现得不够好，这样的人往往很难超越自己。

最后，有人是因为想控制别人，当目的达不到时，就容易用抱怨还击。

从中我们可以知道，抱怨对我们没有任何好处，反倒让我们没有自控力，失去耐心，变得虚伪，不真实。所以，我们要转换一下思路，把我们宝贵的时间用在对我们更重要的事情上，而不是让我们活在抱怨的世界中。

21天通常是一个行为转变成一个习惯的周期。如果我们能连续21天不抱怨，那它就会慢慢成为习惯。那么我们又该如何坚持下去？

首先，我们可以换个角度思考问题，比如想到'这件物品真贵，可我没钱买'，不妨换个想法，'等我有钱了就把它买下来，但这需要我马上开始工作'。"这样能给大脑积极暗示，更好地调整自己。

其次，转移不良情绪。如果负面情绪根深蒂固，难以通过转换角度来消除，可以试试"物理方法"——拿出耳机听音乐、去外面跑步等。

最后，我们也可以常做感恩练习。习惯抱怨的人可能短期内很难改变，可以通过感恩小练习来增加对快乐的记忆：每周抽几天，在睡前列举出几天中5件值得感恩的事情，最好是细微、不重复、具体的。

有时候，自己坚持很久不抱怨了，但亲友、同事突如其来的抱怨却可能让我们的努力化为乌有。那么，为避免被外来的抱怨影响，我们要怎么做呢？

我们可以找借口远离负面对话。当我们遇到朋友抱怨，试图阻止或者沉默不语都是非常不礼貌的，此时不妨赶紧找理由离开。

如果实在走不开，不妨建议抱怨者亲自解决他自己提出的难题。若抱怨者只是为了发泄，皮球被踢回来后，可能就会停止抱怨。

试着不要去抱怨，尝试换个心态，用另一种眼光看待世界，心胸豁达的人看到的世界永远都是明亮的，让我们用乐观的心态看待生活，在平凡的生活中找出不平凡的乐趣。

8. 自控力是高效自我管理的基因

周末计划去爬山，因为早上睡懒觉，没有去成；想要自学厨师，买了很多有关做菜的书，有时间了就看，没时间了就不看，几年了也没学会几个菜；想要提高自己的文学水平，买了好多文学类的书，结果没看几次就不看了……

生活中，有很大一部分人，都渴望在某一方面做出一些成就，让自己不至于太过于平凡。可就是感觉自己没有时间去做，做了也不知道怎样将其做好。

2016年12月1日，万达集团公众号披露了一张王健林11月30日的行程时间表。在这张行程安排表中，他几乎一整天都在忙。当我们感慨首富是不好当的同时，我们也应该清楚，王健林的成功绝非偶然，除了他自己的能力以外，他高效的自我管理是他成功的关键因素。

高效自我管理需要有强大的自控力作为支撑。没有强大的自控力，我们就没有办法管理好自己，让自己按照计划做事情。这是因为，在执行计划时，需要大量的时间和精力，若是缺乏自控力，会很容易受到诱惑，浪费大量的时间，甚至是转移我们的注意力，把我们引向别的方向。

平庸的人之所以平庸，往往是缺乏强大的自控力，不会高效的自我管理，不能很好地给自己做好规划，不知道自己应该做什么。即使是有了一定的规划，也是一会忙忙这个，一会忙忙那个，一会放松，一会走神。

日本著名作家村上春树，当他30岁那年，看棒球比赛的时候，球飞来的那一个瞬间，他终于下定决心要做一名作家。从他做决定的这一刻开始，他就坚持每天早上4点钟起床，每天坚持写10页纸，完成4000个字。每天他要坚持写作5个小时。

他明白这样高强度的工作，需要一个好的身体。于是，他坚持每天下午跑步一个小时，剩余的时间读书、听音乐，做自己喜欢的事情。每天晚上9点钟准时睡觉，这些习惯，他从来没有改变，一直坚持了38年。

他到目前为止一共创作了14本长篇小说，60岁时，成为了每年诺贝尔文学奖的热门人选之一。

美国著名管理学大师曾经这样说："成功必然属于善于进行自我管理的人。"李嘉诚也曾说："在我看来，要成为好的管理者，首要任务是自我管理，在变化万千的世界中，发现自己是谁，了解自己要成为什么模样，建立个人尊严。"高效自我管理是成就自我的必要因素，而高效管理之所以能发挥如此重要，是因为以下两方面原因：

第一,那些自我高效管理的人,时时刻刻都知道自己应该做什么,不会浪费一分一秒,抓住任何成功的机会,这也是他们成功的秘诀。2002年,当时的全球首富比尔·盖茨来到了中国,进行访问。他在北京香格里拉参加一些重要会面。微软中国的同事们当时都在场,他们有意识地测量了一下比尔·盖茨从电梯口到会议室门口多少步,用了多长时间。刘润当时就在场,他看到比尔·盖茨进入每一个房间握手、签字、拍照和离开,用的时间几乎都是分毫不差的。

第二,那些自我高效管理的人,做起事情拥有更高的效率。微软公司为高级程序开发人员提供咖啡厅、健身房等,他们所能得到的放松方式,他们都可以得到。并且没有人去约束他们什么时间必须去做什么。结果,他们却有着比任何公司更高的开发效率。这就是因为,他们会自我高效管理,当他们没有灵感的时候,总是会放松自己,而他们一旦有灵感时,他们会用很长时间去写程序。

所以,我们要学会高效地管理我们自己,而不是整天瞎忙,不知道自己做什么。这就需要我们提高自控力,当我们的自控力得以加强,就能很好地控制自己,去执行自己的计划,而不是拖延时间不去执行,甚至是不去执行。

提高我们的自控力需要我们严格地要求自己,徐熙媛是一位著名的台湾女明星,尽管她在事业上也算挺成功的,但徐熙媛却并没有因此放宽对自己的要求,特别是在外表方面，因为明星要长期出现在荧屏上，所以必须对自己的身材有着严格的控制。徐熙媛的皮肤不是很白，所以她从来不吃含有黑色素的食物，外出的时候，不论天气多热，她都会穿得很厚。徐熙媛为了让自己的头发看起来更茂密，从来不扎马尾。在她生完孩子之后，身材有点发胖了，她便开始疯狂减肥，从运动和饮食方面下手，在对自己严格的要求之下，徐熙媛终于减肥成功，恢复了原有的身材。

　　自控力是实现自我高效管理的前提，当我们的自控力提高以后，对于自我的管控也会加强。自我高效管理促使我们不断地利用时间去进步，那么，我们终将厚积薄发，让自己变得更加优秀。

第二章
情绪不失控,建立积极的心理暗示

第二章
情绪不失控,建立积极的心理暗示

1. 这些人为什么会失控

生活中,有一些人很容易冲动,冲动起来,别人无论怎么劝说都听不进去。结果,做出了一些让自己后悔的事情。事情过后,冷静下来,自己也不明白当时怎么就情绪失控了?

情绪失控的主要原因:一是心理因素,二是环境因素。在这两种因素的相互作用、共同影响下,很容易导致情绪失控。其中敏感的人、家境贫困的人、不快乐的人,这些人往往最容易情绪失控。

敏感的人,往往特别在意别人对自己的评价,猜疑心比较重,喜欢看别人的脸色行事,只要别人稍稍有一点不满意,他的脑子里就会胡思乱想。他们的想法大多数都是消极的,这样就会陷入坏情绪的漩涡中无法自拔。最后,因为一些子虚乌有的事情,导致情绪爆发,情绪失控在伤害了别人的同时,也伤害了自己。

没有自控力，你谈什么人生

生活是不易的，处在社会中难免会遇到很多不顺心的事情，这都是很正常的，而有些人却因为太敏感了，总是抱怨并发牢骚。很多人都会听到这样的牢骚："我不愿意听到别人对我的任何负面评价，即使对方说的是我身上真实存在的缺点，我都不愿意接受。我是不是太无理取闹了呢？还是别人对我有成见？""我很胖，每当听到别人谈论时，即使我没有听到他们在谈论什么，我都会认为他们是在谈论我的身材，想到这我心里就不高兴。去商场买一件衣服，当售货员询问我需要什么尺码时，我都会心情不好。""今天上午开会，老板不点名地批评了一些人，我认为这就是针对的我嘛。"

诸如此类的牢骚话还有很多，发出牢骚的这些人，大部分都是因为太过敏感所造成的。敏感者在生活中会为别人设置一道道防线，与人交往的过程中，心事重重并焦躁不安，总是担心背后有人说自己的坏话。往往一不小心，就跟别人发生冲突，失去控制。慢慢地朋友变得越来越少，人际关系也搞得非常差。

敏感的人之所以会失控，是因为他们的内心是自卑的。内心自卑的人，情感是非常脆弱的。主要表现就是耐压能力差，对于自己的能力、品质不认可，总是感觉自己什么都不如别人。当感受到周围的人嘲笑、侮辱自己时，自卑的心理就会大大加强。害怕别人揭自己的短，听到别人揭自己的短

第二章
情绪不失控，建立积极的心理暗示

时，就会大发雷霆。

自卑是一种极其消极的心理状态，是实现梦想的绊脚石。敏感的人在生活中，受别人情绪和自己心情的支配，稍微受一点打击，情绪就会瞬间崩溃，变得无法控制，从而失控起来。

家庭贫困的人，也非常容易失控。心理学家 Mischel 通过研究发现：家庭贫穷的孩子，相对于那些家庭富裕的孩子更容易失控。他认为这是由于他们所处的生长环境不同造成的。家庭贫困的孩子，往往得不到丰厚的奖励练习"延迟满足"的情境。而"延迟满足"能够让孩子充分锻炼自控力。只有通过不断地锻炼自控力，自控力才会变得越来越强。而那些家庭条件好的孩子，则能够进行训练。因此，他们的自控力就强。

不快乐的人，也容易出现失控。秦明最近迷上了炒股，幻想着能够通过炒股，赚到大钱，从此以后就不用天天早起上班了。结果，没有经验的他，赔了很多钱，心情一下子就不好了。

一天，他上班迟到了几分钟。组长就很随意地批评了他两句。没想到，他瞬间激动起来，不仅骂了组长，还动手打了起来，场面一度失控。

心情不好的人为什么容易情绪失控呢？研究者发现：不快乐的人心情低落，对于自己的未来没有太多的期望，本身也并不会太在意出现更差的结果。此时，他们的心态就变成了想怎么样就怎么样，即使结果更坏，自己也无所谓。有一种"破罐子破摔"的意味。

而一些对于自己不利的因素出现以后，积聚在内心的不满会瞬间被点燃。而他们往往会因此发泄自己的感情，忽略掉了可能产生的后果。导致的结果就是：不管一切，尽可能的释放自己。

这些人失控的根本原因在于自身心理素质太差，在遇到问题的时候，往往受自己当时激动情绪的影响太大。从而导致失控，并最终引发了一发不可收拾的结果。

2. 懂得制怒才能培养好脾气

三国里面曹操曾经说过这样一句话："不要愤怒，愤怒会使人丧失理智；不要仇恨，仇恨会使人丧失判断力。"人在发怒的时候，往往会表现的面目狰狞，不仅难看，而且还容易伤害到周围的人。

一个人在愤怒的情况下所导致的损失，往往无法想象。在失去理智的情况下，可能会做出一些事后要付出高昂代价才能弥补的事情，甚至有的事情根本无法弥补。

王伟是一家公司销售部的经理，拥有一个和美的家庭。

第二章
情绪不失控，建立积极的心理暗示

在他的努力之下，公司的销售业绩一直很不错，他也得到了很高的薪水，生活顺风顺水非常幸福。

但随着经济大环境的变化，整体经济不怎么好。公司受到影响，他领导的销售部的业绩也出现了不断下滑的情况。他瞬间感觉到了压力，加班也变得越来越多，每天回家都很晚。回到家以后，他经常会做一些夜宵吃，这就影响到了妻子的睡眠，妻子有些不满。

有一天，他回到家做夜宵的时候，妻子抱怨了几句，他突然开始愤怒地骂妻子，越骂越愤怒，甚至动手打了妻子，还把热水朝妻子身上泼。妻子非常生气，第二天就离开了家。

几天以后，妻子向他提出了离婚。愤怒的他连考虑都没考虑就同意了。离婚后，他非常后悔。

愤怒让王伟不考虑妻子的感受就发怒，并在愤怒的情况下，失去了应有的理智，忘记了妻子对他的好。最终，在愤怒的驱使下，不考虑任何后果，就同意了跟妻子离婚。这既是对自己的不负责任，也是缺乏担当的表现。

在我们每个人的生活中，可能都遇到过类似的事情。在自己失落或者是难过的时候，遇到不合自己心意的事情，往往会表现出愤怒的情绪。在冲动的情况下，失去我们应有的理智，被愤怒冲昏头脑，做出不可挽回的事情。当我们意识到自己做错的时候，已经无能为力了。

没有自控力，你谈什么人生

人们常说："愤怒是魔鬼，它会冲昏我们的理智，让我们作出错误的判断与决策。"然而，却有很多人无动于衷，依旧只凭一时的想法和情绪办事，结果造成难以挽回的局面，后悔也为时已晚。

在愤怒的情绪支配下，我们往往会不顾及别人的尊严，严重伤害到他人的利益。一个人想表达愤怒的情绪很正常，但损害他人的感情和自尊无异于自绝后路和自挖陷阱，你可能从此失去一个好朋友，失去一批客户，并且成为一个不受欢迎的人。

懂得制怒，我们才能逐渐养成一个好脾气。一个好的脾气，能够在我们遇到不顺心的事情时，保持一个好心态。从容面对困难，并静下心来，思考事情，发现事情的真相，以及充分考虑到事情的影响和结果。从而，更加客观、公正、理性地做出合理的判断，进而做出正确的决定。

制怒有很多办法可以做到，并且每个人根据自己的性格、脾气等特点，会有自己独特的制怒办法，以下几种方法，可以作为参考。

（1）给自己留3分钟的冷静时间

"忍一时，风平浪静；退一步，海阔天空。"讲的是人们在某种特殊情况下，不能意气用事，不能动怒。因为在缺乏周详考虑的前提下，头脑一发热，做事不加思考，就很容易生出事端。

第二章
情绪不失控,建立积极的心理暗示

当你心情不好,遭遇不公正待遇或者别人的误解时,不妨给自己留出3分钟的时间冷静一下,或许在这短短的3分钟里,你的怒气会慢慢平息。千万别轻易就让愤怒占了主位,为了一点小事就大动干戈,这样只会让怒气把你的理智给烧尽。

(2)学会幽默自嘲。

退一步海阔天空,视生命如一出戏,即可发现生命的许多状况都是荒谬的。试试对生命一笑置之,幽默可以减轻压力。如果生气时有一面镜子在你面前,你一定能看到镜子里的那个家伙两个鼻孔冒着热气,着实滑稽可笑。

(3)学会主动求助

在某些特殊的情况下,万一你实在控制不住自己的情绪。那么,可以试着去找别人帮忙——例如,在你快生气的时候,一位好朋友以不妨碍你的方式提醒你,可使你冷静下来。你也可以借数数字、深呼吸等使自己冷静下来。

懂得制怒才能培养好的脾气,我们不要被愤怒冲昏头脑,做出不理智的决定。懂得制怒,不断地提高我们的自控力,做出的决定才更加可靠、有用。

3. 不要因一时失控而毁掉一件事

情绪控制着我们做事的方向，把控好情绪，就能从很大程度上减小出错的几率。相反，任由情绪控制我们，就会毁掉正在做的事情。

孙家庆和李隼是很好的朋友，有一段时间，他们两个工作都比较忙，也没空闲时间一起聚聚。孙家庆最近工作不忙了，于是，他想找李隼一起去爬山。他拨通了李隼的电话，询问他有没有时间，两个人商量好下个周末一起去爬山，具体准备什么，去爬哪一座山，他们决定临近出发时间再定。

很快就周五了，这天李隼还没有收到孙家庆的具体安排。他就拨通了孙家庆的电话，想商量一下具体怎么安排。可电话刚一接通，孙家庆就情绪失控地骂道："你着急个啥呀，不是后天才去吗？就不会明天再打电话吗？我正在工作呢，真是烦死了。"听到这话以后，李隼也很失望，直接把电话挂断了。

李隼不过就是想要问一下一起出去玩的事情，这是非常正常的。但就是因为孙家庆被自己的工作所累，导致情绪失控，才说出了一些气话，发泄了一下自己愤怒的情绪。这伤害到了朋友的感情，计划一起做的事情也就泡汤了。

第二章
情绪不失控，建立积极的心理暗示

生活中，我们经常会因为各种事情而被情绪所控制，这也被称为情绪化。我们之所以会情绪化，最重要的原因是自己承受的心理压力太大，而自己所能忍受压力的能力不强所导致的。受到外界的压力是非常自然的，当我们在做一件事情的时候，需要跟别人交流，而在交流的过程中，出现意见、看法、思想等不一致，这是非常正常的一件事情。如果自控力不强，理智压制不住冲动，就非常容易产生失控现象。

一旦失控，就会做出一些我们自己都无法理解的事情。人在失控的情况之下，会丧失理性思考的能力，不会去思考任何可能出现的后果。而恰恰因为不考虑后果，反而会做出一些损害非常大的事情。

有些事情，因为情绪失控造成的破坏是可以通过以后进行弥补的。就像孙家庆因为自己的失控伤害了李隼的感情，导致周末爬山这件事情没有办法做了。他完全可以向其道歉，得到原谅以后，再选择合适的时间去爬山。而有一些事情则不能通过以后进行弥补，一旦因为自己的一时失控而犯下错误，就再也没有办法挽回了。

宋利伟的工作是产品推销员，平时负责的主要是维持老客户的订单。工作起来也并不复杂，只要找到老客户，说服他们购买自己的老产品或者是新产品就行。通过几年的努力后，他已经学会了很多说话的技巧，工作起来游刃有余。

没有自控力,你谈什么人生

一天,他又来到了公司的最大客户那里,想要给他们推荐公司的新品。刚开始谈得非常好,客户对于新产品的认可度非常高,迫切地想要购买。但谈论到价格和售后服务时,出现了很大的分歧。客户想要降低价格,并且服务要一个月至少一次。而平时服务都是三个月一次,而且客户要求的价格实在是太低了。他说了很多好话,客户依旧态度强硬。他实在忍不了了,愤怒地说:"你以为你是谁啊,讨价还价跟一个妇女一般,一点大气都没有。"

客户愤怒地拍着桌子说:"以后,我们停止任何合作。我们公司再也不会购买你们公司任何产品。"

回到公司以后,他被领导狠狠批评了一顿。因为这件事情,公司损失巨大,他也因为这件事,在不久之后,被公司解雇了。

有很多时候,我们会受到不公正的待遇,会遇到一些比较让人气愤的事情。在忍耐很久的情况下,依旧不断地受到外界的刺激,导致情绪失控。实际上,这完全可以避免。这是因为比起一时的解气,很多人忽略了利益的平衡。

所谓利益的平衡就是有得必有失,要自己去衡量。情绪控制下的决定往往比较盲目且对自己几乎没有好处可言。在我们情绪快要失控的情况下,完全可以先在脑中衡量一下利益平衡。

懂得了利益平衡以后,理性就会慢慢控制住你的感性,避免出现失控的情况。不要因一时的失控,而去毁掉一件事情,因为我们并不知道这件事情对我们有多重要,一旦失去将会带来什么样的损失。

4. 永远不要做消极的假设

一件事情能否做成功,跟我们面对这件事情的心态有很大的关系。当我们以积极的心态来面对时,成功也会相对容易;而我们以消极的心态面对时,成功就会变得非常艰难。

临近年末,公司开始准备年会策划。孙佳悦和小组的几个女同事被公司年会策划组分配了一个节目,要求几个人跳一段舞蹈。听到这个消息后,小组的其他人都感觉非常高兴,只有她自己不太开心。

孙佳悦之前基本没有接触过舞蹈,她非常不自信。因此,当她们几个在一起练习时,她对其他人说:"我们这个节目肯定不会受到重视的,随便练习练习就行了。如果到时候真的不行的话,我们可以申请把这个节目取消,反正我们几个基本上都不会跳舞。"

听到这些话以后,其他人并没有停止努力。反倒是她,练习了两天觉得自己不适合,就申请退出了。

经过半个多月的准备,年会这一天,她们几个的舞蹈,跳出来的效果非常好，得到了领导的夸奖，并获得了证书和奖励。孙佳悦看到这一幕后，非常后悔当初退出了。

在日常生活中，我们也经常会遇到这样的人。他们做起事情来，总是以消极的假设去想象事情的发展，对自己极度不信任，不相信自己能够做到。最后，他们也只能以做不到而告终。

这些人产生消极假设的原因主要是他们成功的次数太少，失败的次数太多。在他们的潜意识里面，就认为自己什么都做不好。这种潜意识是经过很长一段时间形成的，在形成的过程中，经历一次失败，在消极情绪的影响之下，潜意识就会加深一次。

消极假设影响我们的心情。当我们在做一件事情的时候，如果对未来进行消极假设，认为未来一片迷茫，没有任何希望而言。那么我们的心情自然是非常失落的，心情低落造成的直接后果就是做起事情来没有效率，甚至是不愿意去做、排斥去做。在这种情况下，必然就会导致失败，几乎没有成功的可能。

消极假设还会减弱我们的自控力。当我们做一件事情的过程中，出现了消极的假设，认为自己没有办法完成这件事情。那么我们就不会太在意做这件事的结果，觉得做与不做结果都是一样的。此时，为完成这件事情而控制不让自己做的事情。现在，随着自控力的减弱，也会渐渐开始去做。比

第二章
情绪不失控，建立积极的心理暗示

如我们规定自己每天必须记住5个单词，只有记住了才能去追剧。消极假设出现以后，自控力减弱了，还没记住5个单词就开始追剧了。

自控力逐渐丧失以后，以前控制自己不让自己做的事情，就会开始做了。严重影响了做一件事情的节奏和时间，事情也就很难再做成。

所以，我们在做一件事情的时候，永远不要做消极的假设，试着用积极的假设，会有不同的结果。

孙阳雪是一个文学爱好者，平时非常喜欢读文学作品，也喜欢自己写一些东西。一次很偶然的机会，她有幸参加了一个畅销书作家的售书签名会。现场气氛非常活跃。当她了解到这个畅销书作家，以前是靠写网络小说和文章起家的。她非常受感动，下定决心要以他为榜样，并不断努力。

第二天，她就开始了自己的创作之路。刚开始的时候，她发现自己写出来的文章，根本没几个人浏览，更别说增加粉丝了。她并没有感觉失望，她相信自己一定能够在一个月的时间内，增加100个粉丝。于是，她每天花大量时间去阅读资料，在网上寻找素材，然后整理、总结、发表。

她经过不断地改进方法，在文章中使用各种写作技巧，并积极利用热点事情进行造势。一个月后，她的粉丝数量增加了230个。

以积极的假设，去思考、制定做一件事情的计划。我们的内心就会对自己充满自信,并因此而产生积极的行动,用饱满的能力去应对需要做的事。即使是遇到挫折、困难,也并不会被其打倒,而是以不服输的态度,去抗争、去克服,并最终完成。并且自制力会变得更强,比如当我们想要超越别人,并以积极的心态去面对这件事情的时候,会下更大的功夫去努力,会比平时利用更多的时间。

这样我们会在积极心态的作用之下,提高我们的自控力。自控力强了以后,就不会被外界不利因素所干扰,更加专注于做一件事情,而只求成功。

总之,永远不要做消极的假设,这对我们没有任何帮助。反而制约了我们的成长和发展,要以积极的假设去面对一件事情,这样才会有信心、有能力完成它。

5. 逃避心理要不得

遇到我们不擅长的事情,就选择逃避;遇到一点挫折,也选择逃避;觉得没有脸面对别人,也选择逃避。结果,越选择逃避,自己就变得越糟糕。

孙林和靳伟是同一家 IT 公司的两个程序员,平时都负责编写程序。他们两个是整个小组内编写程序最快的。一天,公司为了提高员工的工作效率,决定来一场竞赛。竞赛的内

第二章
情绪不失控，建立积极的心理暗示

容就是在这个月之内，谁能够编写更多程序，就能得到奖励。

竞争开始后，孙林和靳伟都使出全身的力量来进行私下的较量。时间很快就过去了，规定的一个月时间到了。结果是孙林获得了胜利，得到了奖励。靳伟从此害怕跟孙林比较编写程序的速度。每次在同事们谈论编写速度时，他都会有意躲开。慢慢地，他发现自己的速度越来越慢，以前比自己慢的同事，现在都比自己编写得快了。

生活中，像靳伟这样的人还有很多。他们往往会受到逃避心理的影响，一遇到了丢面子的事情，就会有意识的逃避，害怕别人再讨论起这件事情。并且从此，害怕做这件事情，慢慢地就丧失了信心，甚至不再去做这件事情。

逃避心理地形成跟自身心理受到的打击有关，受到严重的打击以后，就会形成畏难心理。而那些心理素质不太强的人，往往走不出害怕的困扰，在这种心理的影响之下，就会选择逃避，来得到暂时的安慰。

每个人都有趋利避害的潜意识，在遇到困难以后，就会衡量这件事情对于自己的重要性。如果对于自己不是太重要的话，趋利避害的潜意识就会发挥作用。放弃抵抗，选择安逸。安逸是每个人都追求的，能选择安逸，为什么还要去难为自己呢？

我们在衡量这件事情时，若得到的结论是对我们非常重要。此时，为了挽回面子，自控力就会促使我们继续去做，在做的过程中，自控力会慢慢地被逃避心理影响，从而慢慢地从内心里说服自己，选择安逸，而不是去抗争。最终，心理素质差的人，被逃避心理所控制，完全失去自控力。

选择逃避，我们的自控力就会消失。在今后，我们不论做任何事情，都会轻易放弃，不能坚持下去。俗话说："坚持就是胜利"，没有坚持也就不会有胜利。生活中，总会有很多人做了很多份工作，可最后还是没有成功。这就是选择逃避所产生的后果。做一个工作，遇到了困难，或者不愿意去做，就把这个工作定义为不适合自己做，找一个能够说服自己的理由，逃避了。

随着逃避次数的增多，自控力消失。做每一个工作，都会失去耐心，做不了多久，就选择放弃。这也是大多数人平庸，甚至是失败的根本原因。

战胜逃避心理，无论面对什么事情，勇敢去面对，积极去做，事情的结果会是另外一番情境。

孙明从小就有恐高症，他家住在15楼，他不敢站在阳台上往下面看。每次，爸妈有时间，就想带着他出去旅游。而一说去什么什么山时，他都选择不去。爸妈拿他也是没有办法。

一天，他妈妈对他说："男子汉，就应该接受挑战，不畏惧困难。你都没有去尝试，就被心理因素打败，就如同你还没有打仗就投降了。你所向往的豪气，怎么能够体现出来呢？"被妈妈这一段话打动后，他终于去尝试。第一次，他只克服了大约10米的高度。

但他欣喜自己的成果，并坚信自己一定能够成功克服恐高症。于是，他更加积极地参与各种登山活动，并最终克服了恐高症。

每个人都有逃避心理，这种心理并不可怕。可怕的是我们迟迟不能战胜它。我们要明白逃避只能逃避一时，不能逃避一世。我们总要去面对，当我们再次面对逃避时，应该学会克服心中的惧怕心理，接受挑战。因为只有战胜了逃避心理，才能让我们更加积极地对待每一件事情，并且让我们的自控力变强。只要我们的自控力变强，做起任何事情，都会不再害怕，更不会逃避，而是会选择靠自控力坚持下去，并最终战胜逃避心理。

6. 如何克服心理摆效应

你一定有过这样的经历，本来情绪非常好，可是没过多久，情绪就来了个180度大转弯变得非常坏。情绪如大海波涛一样大起大落，就是心理摆效应。

情感是有不同的等级的，并且还有着与之相对立的情感状态。比如爱与恨、乐与愁、紧张与轻松、激动与平静等。

在日常生活中，人们的心理会随着特定背景的心理活动而产生在这些两极之间摆动的现象。

张伟经过5年的努力工作，终于得到了公司领导的认可，被任命为工程部总负责人。听到这个消息以后，他高兴极了，立马打电话把这个消息分享给了妻子，并且见到自己的熟人就跟他们说。

晚上，他邀请自己的同事去庆祝。在饭局上，他高兴地拿着酒杯给每一位同事敬酒。在他向跟自己关系最好的同事敬酒时，同事跟他说："以后，你要注意点了，你一上任，下面的几个下属可不好对付呀。"听到这些话以后，他瞬间心情变得很差，也不说话了。

19世纪，英国医生费丽斯和德国心理学家斯沃博特，通过大量的研究，得出了"情绪定律"。"情绪定律"把人们的情绪周期定为28天，在这28天之内，情绪会从高潮、临界到低潮进行不断地循环变化。处于顶端的高潮期内，我们会感觉到心情愉悦、精力充沛，能够在自己的控制之下，平心静气地做好每一件事情；相反处于另外一个顶端的就是低潮期，此时我们就会莫名其妙地发火。

处在情绪变化的周期之内，情绪将会不断地转变。在这个循环的过程，外在的刺激和自控力扮演着两个起决定作用的重要因素。

外在的刺激是指在情绪周期之内，我们会跟他人进行交

第二章
情绪不失控，建立积极的心理暗示

流。在交流、接触的过程中，会受到他人的言语、行动、做事方式等的影响，产生歧义、争执等，进而影响到情绪的变化。当这些影响是正向的时，情绪变化就会走向好的极端。如果这些影响是反向的，情绪变化就会走向坏的极端。

我们可以通过调动自控力，在情绪周期内，控制情绪处在低潮的时间，并且把情绪尽可能地维持在中间值。在外部的环境的影响下，每个人的情绪都极易受到波动。而有些人的反应时间快；有些人的反应时间短。其中起重要作用的就是自控力。比如我们受到了不公正的待遇，情绪就会受到严重影响。在这种情况之下，如果我们自控力比较弱，那么可能就会在几分钟之内爆发，情绪变得相当低落。而如果我们的自控力非常强，就可能阻止情绪的变化，或者是延长变化的时间。这样在情绪周期之内，我们就能控制住自己情绪变化的范围。

因此，在情绪摆效应的影响之下，我们的情绪会产生周期性的变化。如果我们任由情绪随意变化，无论是在生活，还是学习中，都会对我们自己以及周围的人，产生巨大的影响，甚至伤害到自己和别人。没有一个人愿意跟一个情绪不定的人交往，因为，他们不知道你什么时候情绪就会失控，甚至伤害到他们。

可见，保持情绪的稳定，和他人理智地进行沟通，就能在一定程度上避免误会而产生的伤害。更重要的是，如果我们能够把不良的情绪控制住，表现出来的基本都是健康向上的情绪，很多人都会希望和我们成为朋友的。

外界的环境因素影响，我们是没有办法去完全避免的。因此，想要克服心理摆效应，就需要从自身的自控力做起，提高自己的心理自控力。以下几个方法非常实用。

（1）找一个适合自己的情绪释放手段

情绪一旦产生，就需要释放。不释放的话，就会不断地积聚在内心中，反而会保持很长时间。比如我们因为被上司骂了，心里非常难受，觉得自己受委屈了。但是也不去释放，就一直憋在自己的心里。这样在很长的一段时间内，都会一直不开心。

所以，想要克服心理摆效应，就要找一个适合自己情绪释放的手段。比如：跑步、看电影、旅行等等。只要能够让自己在很短的时间内，调整好自己的情绪，就是一个很好的方法。通过迅速调整情绪，就能在情绪周期内，较长时间保持稳定的情绪，经过长时间的坚持，心理摆效应就会逐渐消失。

（2）磨炼自己

想要拥有强大的心理自控能力，克服心理摆效应。我们应该让自己的心理承受能力强大起来，只要心理承受足够强大，才不会轻易被外界因素所干扰。这就需要我们不断地磨炼自己，锻炼心理承受能力。

我们可以通过爬山、野外求生等方法，让自己身处在一个绝境中，不断地练习怎样克服困难，在不断地练习之中，我们就能从容地面对困难，面对外在环境的影响，心理承受能力也就提高了。

　　克服心理摆效应，让我们长时间处在平和的情绪之下，对于我们的发展和成长都是有非常多的好处的。

7. 学会及时宣泄不良情绪

　　受多种环境因素的影响，我们在日常生活中会产生不良情绪。当这种不良情绪得不到及时宣泄，并逐渐累积时，会产生严重的后果。

　　杨佳璐是一家建筑公司的项目部经理助理。一天，在上班路上遇到了堵车。堵车的时间有点长，等她到了公司以后，迟到了将近一个小时。经理非常生气，尽管她好好地解释了好久。但经理还是严厉地批评了她，并在批评的过程中骂了她几句。被骂后，她心情变得非常低落。

　　三天以后，公司要参加一个项目的招标。经理已经准备了很长时间了，把招标方案进行详细的规划，并打印出来，交给了她。对她说："一定要及时地把这个文件送达到投标地点。"心情低落的她，竟然把这件事情忘了。临近招标了，经理依旧没有看到她，于是，就打电话给她，问她到哪里了。她才想起来，这时，已经来不及了。

最终，公司竞标失败。愤怒的经理，实在受不了了，直接让她离职了。

每个人的心理承受能力都是不一样的，在面对指责时，有的人在认识到自己的错误以后，会及时改正，情绪基本上不会受什么影响；有的人，则表现得及其在意和自责，情绪瞬间就变得非常低落。

不良情绪如果不及时宣泄，随着时间流逝，会不断地积累。当积累到一定程度，就会无法控制，一旦爆发，后果将非常严重。

在不良情绪的积累过程中，心情会变得相当低落。心情低落，对于周围的事物都将变得不那么敏感。做起事情来，效率会变慢，与人交往也比较容易暴躁，伤害到他人。长时间处于心情低落的状态，身体会分泌不利于身体健康的激素，危害身心健康。

当我们处于不良情绪影响之中时，不妨学会及时地宣泄，宣泄出来，很可能会有不一样的结果。

1924年11月，美国国家研究委员会组织了一个调查小组。这个小组对霍桑工厂进行了研究。霍桑工厂的员工对于工厂的待遇总是喋喋不休的抱怨，在无休止的抱怨中，工厂

第二章
情绪不失控，建立积极的心理暗示

的工作效率非常低。研究小组的任务就是找出这其中的原因。

调查组设置了一个重要的"谈话试验"环节，调查组的专家历时两年的时间，与工厂里的工人进行推心置腹地谈话，细心听取他们的对于待遇、工作环境等方面的不满，并将其记录下来。

但令调查小组惊讶的是，工厂的工人在经历了"谈话试验"环节以后，不再抱怨了。而是更加卖力地干活，工厂的产量也迅速提高了上来。

通过这个现象，调查员得出的结果是：工人们在长期的工作中，对于工厂的制度和薪资待遇产生了不满情绪，而工厂负责人对其并没有太在意。因此，工人们的不满情绪得不到及时宣泄，经过长年累月的积累以后，逐渐地演变为抱怨、抵触等不良情绪。工人们将这些情绪带入到工作中，工作效率当然不会高的。当通过调查员的谈话后，这些情绪宣泄了出来，心情舒畅了，干劲也就足了。心理学家把这种奇妙的现象称为"霍桑效应"。

"霍桑效应"表明，我们在生活和工作中，会产生很多不良的情绪。我们不能将这些不良情绪压制下去，而要将它们及时地宣泄出来，这样才有助于我们的身心健康，并且能够提高工作效率。

学会及时宣泄自己的不良情绪。首先，需要找到适合自己的宣泄方法。每个人面对不良情绪时，都会有自己独特的宣泄方法。比如有的人喜欢找朋友倾诉；有的人喜欢独自散步；有的人喜欢听音乐等等。

其次，要及时去做。不要把负面的情绪带到工作、学习和生活中。这样会把情绪传染给别人，更不利于解决问题。

最后，不要为了宣泄而拿别人出气。有很多人，当自己心情不好的时候，往往会找自己要好的朋友，拿他们当撒气桶，出出气。然后，自己时释放了情绪，心情变好了，达到了效果。但对于别人来说是不公平的，别人没有义务要承受你的坏脾气，将别人当成撒气桶是对别人的一种伤害。所以，当我们有不良情绪时，不要伤害到别人。

有情绪就要及时宣泄出来，要让我们的情绪始终保持温和，才有助于提高我们的自控力。

8. 别让未发生的事情影响你的情绪

"人无远虑，必有近忧。"生活中，我们在面对很多事情时，往往会担忧还没有发生的事情。从而影响自己的情绪，让自己不开心。

第二章
情绪不失控，建立积极的心理暗示

王继明已经在一家互联网公司工作了十年了，随着年龄越来越大。作为一个程序员，他开始考虑到公司还会不会再留自己。特别是在最近几年，程序员的年龄逐渐年轻化，在很多互联网公司都开始裁减大龄程序员。这就更加让他担忧自己的处境。

近期，由于公司运营情况不佳，公司宣布将会裁掉一部分员工，来节省公司的支出。他开始更加不安，在工作的时候也不断地想自己是否会被公司辞掉，越想越担心。由于太过担心，工作经常出错。本来公司没有打算裁掉他，但由于他最近表现极差，公司决定立马把他解雇了。

在事情还没有发生之前，就去想象、臆测事情是否会发生，并因此而产生担忧、害怕的情绪，影响心情。结果反而因为心情受到影响而使不应该发生的事情发生了。在这个过程中，担心害怕的心理起了消极的作用。在一般情况之下，大多数人往往会把事情往坏的一面去想。这是因为人们担心自己会受到什么样的损失，而不会担心自己能够获得什么。比如很多创业者，在独自创业之初，往往不是想的成功以后怎样、怎样，往往是想的失败以后，自己应该怎么办，怎样让公司能够生存下去。

正是因为很多人会第一考虑失败以后的对策，才导致了很多人因为担心失败而变得情绪低落、紧张、焦虑等等情绪。在这些情绪的影响之下，不但，激发不起斗志，反而是逐渐消磨了自己的自控力和信心。当担心逐渐变为了确定以后，情绪瞬间就会失控，坏的结果也就不可避免的发生了。

与其担心还未发生的事情，让情绪变得低落，不如不去考虑还未发生的事情，专注于当前，保持好心态，做好当前的事情。这样，我们担心的未发生的事情可能就不会发生。

牛雪从小就喜欢古诗词，不仅背了很多首古诗词，而且自己也创作了不少。一次，她在看电视的时候，看到了河北卫视的《中华好诗词》节目。她非常想参加，于是，她背着父母、朋友报了名，参加海选。

父母、朋友知道以后，都劝她不要去了，一定选不上，还浪费时间和金钱。她却并没有思考那么多，而是从报名的那一天开始，就开始复习古诗词，从新背了很多新的诗词。在接下参加海选的过程，也是一步一个脚印，按照自己的步伐来，并最终获得了入围的资格。

失败是很多人都害怕的一件事情。为此，很多人都会去担心未来可能发生对自己不利的事情。从而忘记当前所做的事情，把自己的所有精力都用在了想象未来事情的发展。结果没有精力去做当前的事情。而当前需要做的事情，又是跟还没有发生的事情相关联的。当前的事情没有做好,没有发生的事情也就会真的发生了。

因此,我们最重要的是做好当前的事情,而不要去过分担忧还没发生的事情。这样我们就不会徒增一些不必要的烦恼,同时,情绪也不会因此而变坏。我们可以保持一个好的情绪,这样做起事情来,将会更有效率,着眼于当前的事情,把它做好了,那些预想中可能的糟糕结果在很大程度上就不会发生了。

9. 负面情绪消耗着我们的精神

有一项心理研究表明:人生气10分钟会消耗大量精力,起程度不亚于参加一次3000米的赛跑。负面情绪对于我们影响非常大,不仅消耗大量的精力和体力,而且还会让我们的精神变得萎靡不振。

宋欣悦早上起床晚了,急急忙忙地就出门赶地铁,她没有想到自己的昨天晚上在家做的会议文件没带。到了公司,马上就要开会了,她才发现自己忘带了。此时,瞬间她瞬间焦虑起来,担心会议上应该怎么讲。

会议开始以后,她尽量的回忆昨天晚上的思路。但是,

没有自控力，你谈什么人生

好多细节已经回忆不起来，回忆效果非常差。回忆结束以后，她变得更加失落，也没有心思再工作，只是打发时间，熬到了下班。

回到家里面，她质问自己的丈夫说："昨天晚上睡觉前，我不是叫你早上提醒我，带我昨天拿回来的U盘吗？你怎么今天没有提醒我，害得我一天心情都很差。"丈夫说："我也给忘了。"接着，她跟丈夫吵了起来，情绪更加低落了，晚上睡眠质量也不好，睡一会，就会醒一会。

第二天，来到公司，根本就工作不成，做一件事很小的事情，就会出错。实在没办法，她只好向公司领导请了两天假调整自己。

日常工作和生活中，遇到一些不如意的事情，首先会让我们产生负面情绪比如失望、生气、焦虑等，接着，在这些负面情绪的影响之下，会逐渐消耗我们的精力，直到把我们的精力消耗完为止。

负面情绪之所以会消耗我们精神，是因为当我们产生负面情绪以后，身体会本能地调动力量去克服负面情绪，这就会消耗掉我们的精力。当我们的精力被大量消耗掉，精神自然会跟着被慢慢消耗殆尽。

没有一个好的精神，就很难将一件事情做成功。长勺之战胜利以后，鲁庄公问他："为什么我们会取胜呢？"曹刿就

第二章
情绪不失控，建立积极的心理暗示

回答说："作战靠的是士气，第一次击鼓，能够振作士兵的士气，第二次击鼓士气就会开始低落，第三次击鼓，士兵士气就低落了。"这里的士气，其实就是精神，听到第一次击鼓，精气神就非常足，内心非常激动。而当第一次击鼓后，依旧不进攻，士兵心情就会低落，负面情绪就会消耗掉一部分的精神，接着第二次再消耗掉一部分精神。等到第三次，士兵们已经提不上精神了，没有力气去跟敌人作战，当然就没有办法战胜对方了。

在工作中，做起工作没有精神。如果从事的是高危的工作，很可能一不小心就会受伤甚至是丢掉性命；如果从事的是一般性质的工作，效率就会相当低下且非常容易出错，不能把工作做好。

如果我们长期处在负面情绪的影响之下，终究会把我们的精神耗尽。当我们做起一件事情，提不起丝毫精神，就会放弃继续做这件事情。而想要长期坚持做一件事情并做好，充足的精力以及坚韧的精神必不可少，这样做起事情来才能长久。

华为之所以成功，是因为公司创始人任正非亲手构建了华为的"狼性文化"。而"狼性文化"中，最重要的就是要华为员工学习狼的创新、顽强、拼搏和团队精神。正是因为华为所倡导的精神，才使华为公司，在艰难险阻的情况之下，越战越勇，取得了傲人的成就。

　　全国"时代楷模"王继才，用自己30多年的生命，和他的妻子在祖国的一个孤岛上。试想如果没有一种精神的鼓舞，他们是很难坚持这么长时间的。在孤岛上，没有任何娱乐设施，跟外界也几乎没有任何联系。生活也是非常艰苦，并且年龄大了以后，身体也非常吃不消。而就是凭借着对祖国的热爱这种崇高的精神，让他们在孤岛上守了30多年。

　　一个人的精神是一种巨大的力量，它来源了我们每个人的灵魂深处，激励着我们不断地向前，永不放弃。只要精神不倒，做一件事情的激情也就不会消失，凡事不轻易言弃，才能够发挥出极大的力量，这种力量往往是我们意想不到的。比如2016年8月21日，里约奥运会女排总决赛上，中国队在面对强敌塞尔维亚时，在先输一局的情况之下。靠着女排的拼搏精神，连扳三局，逆转性地获得了胜利。

　　精神的力量是无穷大的，大到有时我们无法估量。因此，我们无论做什么事情，都不能没有精神，不要被负面情绪所消耗，要及时调整情绪。保证我们有充足的精神去奋斗，那么就一定能够做出一番属于自己的成果。

10. "情绪风暴"中人心容易失控

在两个人争吵的过程中,随着双方情绪不断激化,会在某一时间段内,爆发出来。而这一时间段被称为"情绪风暴"。人在情绪风暴持续的过程中,往往会因为冲动,造成人心失控,做出一些让自己后悔不已的事情来。

重庆有一对小夫妻,相处得非常融洽。一天,这对小夫妻不知道因为什么原因,两个人争吵了起来。双方谁都不肯先认错,争吵就变得越来越凶。眼看一时半会谁都说服不了谁,妻子就摔门而出,准备开车离开。

丈夫立马追了上去,站在车前拦住了,两个人继续争吵了很久,谁都不愿意让出一步。这个时候,妻子嘴里不知道说了一句什么,丈夫就开始使劲捶打汽车的挡风玻璃。就在这个时候,车子突然加速了,只听到一声"咣当",挡在车前的丈夫被狠狠地甩了出去,不幸运的是后脑勺直接触地。当120赶来的时候,丈夫已经没有了气息。

随后,妻子被带到了警察局,她整个脑袋都是蒙的,最里面嘟囔着一句话:"如果当初,不那么生气就好了……"

生活中,当我们的情绪被外界不断地激化时,理性会在很短的时间之内丧失,脑子里面一片空白。只想用以暴力的手段,去发泄自己心中的愤怒,让内心重新获取平静。

经过很长时间的研究,美国情绪管理专家罗纳德博士说:"暴风雨般的愤怒,持续时间往往不超过12秒钟,爆发时摧毁一切,但过后却风平浪静,控制好这12秒,就能排解负面情绪。"

而在现实中,能够把握好这12秒钟,在这短短的时间之内,把自己的情绪控制下来的人是少之又少的。这是因为对于大多数人来说,很难精确掌控自己的自控力。在"情绪风暴"中,自控力会输给形成巨大漩涡的情绪,不能靠自己的自控力来获得力量,从巨大的漩涡中爬出来。

一旦,我们跌入"情绪风暴"形成的漩涡,自己的行动将不再受到理智控制。此时,感性随着而来。在激动的情绪下,更多地是想着如何通过更加激进的手段来释放。而不会再去想怎样把产生的情绪给控制下来。此时,难免会爆发激烈的冲突。冲突所造成的结果,往往会比控制情绪更糟糕、更难处理。但结果却成为了,我们不想接受但必须接受的结果。

因此,当我们即将面临"情绪风暴"的时候,能够通过一定的方法,来避免进入"情绪风暴"中,不仅能够控制住目前的局面,不至于失控,而且能够增加自控力。当我们的

第二章
情绪不失控，建立积极的心理暗示

情绪自控力不断地提高，再次面对"情绪风暴"时，表现地就会更加冷静，处理起来也就会越加得心应手。

古时候有一个叫爱地巴的人，他生活在西藏地区。生活中，他会遇到很多让他生气的事情，每次当他特别生气的时候，就跑回家去。回到家以后，他就围绕着自己的房子和土地跑三圈。

后来，他的房子越来越大，土地也越来越广。但每一次生气，他习惯性地绕着自己的房子和土地跑三圈。随着年龄不断地增大，他每次跑的时候，都得拄着拐杖，却依旧坚持跑完三圈。

有一次，他生气了，拄着拐杖一直走到太阳快要下山，依旧没有能够走完，但他却依旧坚持走着。他的孙子害怕爷爷会出什么事情，就一直跟在他的后面。孙子非常好奇就问："爷爷，你生气了就绕着房子和土地跑，这是为什么呢？"

他说："年轻时，我跟被人吵架争论，生气了，我就围着房子和土地跑。想到自己的房子这么小，土地那么少，哪有时间和精力去跟别人生气呢？想到这里，气自然就消了。接着，我就会用更多的时间去工作。"

孙子又问："爷爷，现在你都成为富人了，为什么还要跑呢？"他笑着说："老了生气之所以还跑，那是因为我想：我的房子这么大，土地这么多，何必跟人这么计较呢？一想到这里，我的气就全消了。"

处在"情绪风暴"即将来临时，如果我们继续跟别人争论的话。最后的结果，往往会用更加激烈的手段去处理，而最终的结果一定是损失更多，这种方式往往两败俱伤。在"情绪风暴"来临之时，不如转头去做一些能够控制情绪的事情，去释放自己的情绪，而不是针尖对麦芒的争个你死我活。

当我们把自己的坏情绪释放了以后，再回想起争执的过程和原因，往往会有不同的理解。当然，如果还不能放下的话，还可以通过自己的思考，用精神战胜法，来战胜自己的负面情绪。或者想一想自己真正需要去做的事情，比争执更加重要的事情。这样心结解开了，情绪跟着也就放松了。

我们在"情绪风暴"中，非常容易心失去控制。这就需要我们用自控力，去转移不良情绪，远离"情绪风暴"，使自己处于健康的情绪中。

第三章
从重度焦虑到自控达人的距离有多远

1. 改掉忧心忡忡的习惯

在社会竞争压力和生活烦恼的影响之下，面对快节奏的生活和工作时，我们会被无形的焦虑所包围，影响心情，表现出忧心忡忡的样子。

美国加州一个刚刚大学毕业的学生，已经到了服兵役的年龄，在2003年的冬季大征兵中，他依法被征，即将迎来一生中最艰苦、危险的服役生活。当这位年轻人获悉自己被海军陆战队选中以后，便忧心忡忡。

当祖父看到他整天忧心忡忡时，便开导他说："好孩子，这有什么好担心的？到了以后你会有两个机会，一个是留在内勤部门，一个是分配到外勤部门。如果是第一个的话，你就不用再担惊受怕了。"年轻人就问爷爷："那如果我不幸被分配到另外一个怎么办？"爷爷说："被分到另外一个，你也有两个机会，一个是留在美国本土，另外一个是被分配到国外的基地。如果你被分配到美国本土的话，有什么好担心的呢？"年轻人又问："那如果不是被分到本土呢？"爷爷说："那同样也有两个机会，一个是被分配到友善的国家，另外一个是被分配到维和地区。"

年轻人更加忧心忡忡了，他害怕地说："如果我被分配到维和地区，岂不是就没命了吗？"爷爷说："你还有两个机会，一个是安全归来，另外一个是不幸负伤。如果你能安全归来，那担心岂不是多余了。"年轻人又问："那要是我负伤了呢？"爷爷说："那你同样有两个机会，一个是保全性命，一个是死亡。如果你能保全性命，有什么可担心的呢？"年轻人接着又问："那要是我医治无效，性命没了呢？"爷爷说："还是有两个机会，一个是敢于冲锋，为国家冲锋陷阵，成为英雄而死，一个是唯唯诺诺躲在后面等死。你当然选择前者，成为英雄，这有什么好担心的呢？"

大多数人在面对还没有发生的事情时，容易表现得忧心忡忡。其中很重要的一个原因就是对于自己未来的担心，对未知的胆怯，害怕去接受充满挑战的未来。现在的社会，父母为孩子们做得太多，在孩子很小的时候，就为孩子规划好了人生道路，并且这些事情都是父母安排好的，孩子根本不用为之操心。因此，现在的孩子们都逐渐失去了挑战困难的决心。

当这些在"温室"中长大的孩子，走出校门，面向属于自己的未来的时候，往往会表现出不知所措。于是，开始对

第三章
从重度焦虑到自控达人的距离有多远

自己的未来充满担忧,特别是遇到打击的时候,进而,开始全面否定自己,觉得自己什么都不如别人,什么都做不好。如果任由这种消极的情绪持续在心中"发酵",最终将会导致整个人走向崩溃的边缘。

即使我们摆脱了对未来的恐惧,也敢于挑战困难。但我们却依旧没有办法摆脱"想太多"这个缺点。对于大多数中国人来说,始终相信"人无远虑必有近忧",凡事要多想,只有想得多了,事情才会更好解决。在遇到重要的决定时,多想是无可厚非的。多想想,或许能够想出更好的办法。而什么都不做时,想东想西就会出问题。

我们很多人,都会有这样的体验:一旦静下来,就会忍不住去想未来会怎么样?想到还没有买房,想到还没有买车,想到孩子的教育问题,想到医疗养老问题,一想到这些,饭也不香了,觉也不好了,忧心忡忡的,整个人都不好了。因为这,很多人最后患上了抑郁症。

很多人忧心忡忡还有一个原因那就是黑箱效应。黑箱效应指的是当你对事情不了解的时候,在进行猜测时,往往脑中想到的是坏事。比如我们约了朋友周末去爬山,我们已经早早到了约定的见面地点。可是,朋友却迟迟没有来。我们打电话,也没有人接。此时,我们会想朋友为什么还不来呢?首先想到的就是遇到堵车了,甚至是遇到车祸了。

很多人,遇到不确定的事情,都愿意往坏的地方想,做好最坏的打算。这是很多人处理事情的原则，也是忧心忡忡的原因之一。

忧心忡忡，不仅帮助不了我们，反而会使我们更加困惑，给我们带来无尽的烦恼。所以，我们要摆脱忧心忡忡的状态，用快乐积极的心态看问题。无论做什么事情，都使出全部精力，把事情做好。

2. 忙起来，你就没时间想那些不开心的事

当我们把注意力集中在痛苦上面，痛苦就会盘踞心中无法散去。让身体和脑子动起来，集中精力在一件事上，一旦忙碌起来，就没有时间焦虑，也没有时间悲伤了。

马利安·道格拉斯家中曾遭遇过两次不幸。第一次是他5岁的女儿不幸离开了人世，他和妻子都无法忍受这个意外的打击。两年后，他们又生了一个女儿，仅仅活了5天。

这两件事情对他造成了巨大的打击，使他几乎无法承受。他开始变得焦虑，吃不下饭，睡不着觉，甚至吃安眠药都没有办法睡着。但不幸中的万幸，他还有一个儿子。

一天下午，他呆坐在沙发上面难过。他的儿子跑过来问他："爸，咱们能不能一起造一条大船呢？"他实在提不起精神，可是在他儿子的纠缠之下，他只能陪儿子一起做。造那

第三章
从重度焦虑到自控达人的距离有多远

条大船整整花费了3个小时,等他做好以后,才发现,在做大船的这3个小时内,是他这么多天第一次感受到了放松。

第二天晚上,他把房间的每一个角落都转了一遍。然后,他把所有需要做的事情列成一个单子写了下来。第二天就开始一样一样做起来,只留给自己很少的休息时间。

第二次世界大战期间,英国首相丘吉尔在战事吃紧的时间里,每天要工作18个小时。当别人问他:"这么重的责任,你是不是非常焦虑?"他说:"我太忙了,我没有时间焦虑。"

心理学里面有一条基本的定理:不论一个人多么聪明,都不可能在同一时间内想一件以上的事情。著名科学家巴斯特也说过:"在图书馆和实验室能找到平静。"我们专注做一件事情的时候,往往就会忽略掉其他的事情。当我们忙于很多事情时,自然也就不会感到焦虑了。

美国诗人亨利·朗费罗的妻子因为烧伤不幸去世后,他本人情绪失控,几乎要疯了,从此,他变得非常焦虑。妻子走后,有3个幼小的孩子需要他亲自照顾。他带着他们出去散步,给他们讲故事,同他们一起玩耍,并且,他还通过诗句,将父子之间的感情写了出来。他还翻译了但丁的《神曲》。在忙碌的生活中,他渐渐变得开心、满足。

罗曼·罗兰说:"生活中最沉重的负担不是工作,而是无聊。"只有当你真的忙起来,才会让负面情绪消失。当我们不忙的时候,头脑中就会出现真空。此时我们就会胡思乱想,这时，焦虑、嫉妒、恐惧等情绪就会把我们脑中所形成的真空区填满，进而把我们思想中沉静、欢乐的成分给替代。

我们在日常生活中，会发现很多让人产生焦虑的事情，往往发生在空闲时间。这是因为对于大多数人来说，工作时由于"沉浸在工作中"忙得团团转，根本没时间想别的。而下班以后，瞬间感觉放松了，没有什么事情可做了，这时，内心也就因此变得空虚，此时，我们就会回顾最近发生的事情，而回忆起的事情，大多是不愉快的。渐渐地，情绪就会慢慢变坏，直至内心产生焦虑不安。

因此，哥伦比亚师范大学教授詹姆斯·马竭尔说："焦虑最能伤害你的时候，不是在你有所行动的时候，而是在一天的工作结束以后。这时你的想象力开始混乱，使你把每一个小错误都加以夸大。你的思想就像一辆没有装货的车子横冲直撞，撞毁一切，直至把自己也撞成碎片。消除焦虑的最好办法，就是让自己忙着干有意义的事情。"

《菜根谭》里也说："人生太闲，则别念窃生。"当人无所事事，杂念也就开始丛生了。2017年热播的电视剧《我的前半生》，里面的女主角罗子君还是陈太太时，在她的世界之中，只有老公和孩子，所以，她把注意力都放在了老公身边的小姑娘身上，害怕自己万一哪天一不留神，老公就跟别人跑了。后来，当她成为职场精英以后，如果能够回看当初的自己，一定会觉得那个时候的自己是多么可笑。

让自己立刻动手去做事情，不闲下来，这样就没有多余的时间去想那些不开心的事情了。我们的情绪也就不再会低落，精神好了以后，再去做事情，反而能事半功倍。

忙是一种神奇的药，可以治愈所有精神疾病，它可以让我们忘记一切，从负能量中把自己拯救出来，让自己变得越来越好。

3. 给规定一个最后期限

新的一年到了，很多人都激情四射，用豪情壮语为自己制定很多目标。比如读书、写作、减肥等等。但计划总是那么完美，做起来却是无限期拖延，一个计划都没有完成。到了年末也只能重新制定新的计划。

在日常生活中，我们几乎都有这样的心理特点：当面对不需要马上完成的任务时，会习惯性地说服自己明天再去做。等到了明天，又拖到后天。就这样一天天拖着不去做，最后本来需要做的事情再也没有做过。

著名画家达·芬奇，他是一位传奇的天才。他在创作世界名画《蒙娜丽莎》的时候，有这样一段故事。当时，一个著名的富商贾孔多，找到了达·芬奇，希望他能够为自己的妻子画一幅画，并且答应给达·芬奇一笔非常昂贵的酬劳。

当时，达·芬奇想都没有想就答应了，并且立刻去准备颜料和画笔。

等到达·芬奇回到画室以后，他开始松懈，不积极作画，磨磨蹭蹭，整天不知道干什么，就是不开始画。就这样时间过得很快，四年时间过去了，贾孔多实在受不了了，就催促他。达·芬奇这才匆匆忙忙提交了还未完成的初稿。

朱尔斯·贝约尔是法国著名的心理学家和教育学家。经过研究后，他认为：绝大多数人的目标是尽量不动脑子地生活。所以，相对于读书，我们更喜欢玩游戏或者是看电视，这样就可以不动脑子，就能轻松完成。所以，很多人明明嘴上说下班了以后要继续工作，回到家以后，就开始玩游戏。从而产生了拖延。

还有一种拖延叫做无意识拖延。比如我们在开始工作或者学习的时候，会不自觉地拿起手机看一下新闻，或者是看一下朋友圈。当想要去做正事的时候，才发现时间已经流逝了。这就是无意识拖延。

行为经济学家丹·艾瑞里和克劳斯·韦坦布洛克进行了一场关于拖延时间问题的研究。他们研究的对象是麻省理工学院的3组学生。

实验的内容是：每组学生必须在12周内完成3项论文任务。他们规定第一组的学生完成每篇论文的最后期限分别为第4周、第8周和第12周；第二组学生被指定的最后期

第三章
从重度焦虑到自控达人的距离有多远

限是必须在课程结束时完成；第三组学生则自行设定自己的最后期限。

结果表明：第一组和第三组为自己设定了最后期限的学生，表现得非常好。而第二组和第三组未给自己设定最后期限的学生，结果相当糟糕。

我们中的很多人都有这样的认识：重压之下，往往能够表现得更加出色。这种想法是错误的，这反而会给我们找到一个借口，把事情继续拖延下去。虽然有最后期限，但是在没有到期限之前，我们就有时间继续拖延。等到马上就要到最后期限了，才会加倍努力，可结果总是不那么理想。

心理学指出：在压力之下，人们的表现不会更好，只会更差。金庸就曾经表示：对自己在交稿压力下产生的作品感到不满，因为觉得没有发挥出应有的水平。"

我们可以想一下：如果我们需要在三个月内完成一个任务，前两个月被我们拖延过去了，只剩下最后一个月。而此时，还有很多任务要去完成，我们做起事情来就可能会敷衍。而且，如果在高压的期间，出现了意外的情况，我们又该怎么办？

所以，想要完成一件大事情。最好的方法就是把其分成一个一个小目标，并给每一个小目标设置一个最后期限，从而使自己在完成一个个小目标时，有一定的约束力。这样在完成一个个小目标时，我们也会慢慢地形成自己的自控力，来抵抗自身的拖延症。当我们的自控力足够强的时候，拖延症也就不会再存在了。

因此，我们想要摆脱我们身上的拖延症，就要给自己规定一个最后期限，在最后期限的压力下，不断地提升自控力，让自控力逐渐战胜拖延，并最终提高做事的效率，把一件事情做得又好又快。

4. 倾诉疗法：把你的担忧说出来

相关研究表明，倾诉是缓解焦虑的"良药"，当我们产生了负面情绪，我们需要的可能只是一个能够让我们倾诉坏情绪的"垃圾桶"。

在一则名为《国王长着驴耳朵》的外国童话里，国王长着一对驴耳朵，许多给他理发的人都因忍不住泄露了国王的秘密而被杀了。有个理发师给国王理过发之后也被同样的问题困扰着，他很焦虑。一位心理医生建议他去找一个树洞，对着树洞一吐为快，理发师照着医生的建议去做了，果然说出来之后心情好多了。

在产生负面情绪的时候，大多数人会习惯性地选择把它深埋在心底，独自一个人承受。总想依靠自我消化来缓解心中的抑郁与焦虑，这样只会增加我们的心理负担，让我们变

第三章
从重度焦虑到自控达人的距离有多远

得更加焦虑，严重的还可能引发心理疾病。

日本著名小说家村上春树曾经在《挪威的森林》这本小说中，对女主人公直子的姐姐有这样一段描写："差不多所有的事情都能自己一手处理，几乎没找过谁商量或求人帮忙。也不是因为自尊心特别强，不过是觉得那样做是理所当然的，大概。我倒是经常找姐姐商量，她非常热心地教这个教那个，可自己不找任何人商量，全都一个人解决。既不发脾气，也没有不高兴的时候。在她身上，是用消沉来代替不高兴的。往往两三个月就来一次，一连两三天闷在自己房里睡觉。学校不去，东西也几乎不吃。把房间光线弄得暗暗的，什么也不做，只是发呆，但不是不高兴……这两三天一过，她就一下子恢复得和平时一个样，神采飞扬地上学去。最后，她在十七岁的那年选择了自杀。"

在我们遇到问题，情绪不好的时候，不要只是一味地承担所有，我们的力量没有大到可以解决好任何事情的地步，要学会寻求他人的帮助。该向别人诉说的时候一定要及时地说出来。

有研究证实，女人的平均寿命远高于男人，这与女人总喜欢唠唠叨叨有关。大多数的女人要比男人更善于倾诉，倾诉能让人降低患心理疾病的风险。男人心中郁闷的时候需要勇敢地向妻子、朋友去倾诉，倾诉要比忍耐和借酒消愁更健康，也更高效。

心理学上把通过倾诉来缓解焦虑的方法称作"疏泄疗法",它是最常用的心理治疗方法之一。其基本原则就是让焦虑者将心中积郁的苦闷或思想矛盾倾诉出来。以此来减轻或消除其心理压力,避免引起精神崩溃,从而更好地适应社会环境。

事实证明,疏泄法可使人从焦虑、郁结的消极心理中得以解脱,尽快地恢复心理平衡。

当然,运用倾诉时应根据不同人的心理、环境和条件等,采取不同的措施,灵活运用。

倾诉,找到合适的人很关键,毕竟不是所有人都愿意做他人坏情绪的"垃圾桶",也并不是所有人都愿意替人保守秘密且真切地尊重他人感受。因此,找到一个真正愿意听你倾诉的人,一个真正能保守秘密的人,一个愿意尊重你的人,是最重要的前提。

当你有了一个称职的"坏情绪垃圾桶"后,你还需要一点勇气。毕竟需要倾诉的事情大多难以启齿或者说出来后可能会破坏一段友谊,影响自己在别人心中的形象。

当然,倾诉并不一定要说出来,也可以写出来。很多人都有写日记的习惯,夜深人静的时候,点亮一盏台灯,静静地把所有的不开心都写在纸上。写,虽然比说慢,但也正因为慢,写完之后才会有一种如释重负的感觉。在如今的互联网时代,我们渐渐地遗忘了书写的乐趣,其实书写也是一种很好的倾诉方式，有的时候纸张比人更可靠。

倾诉还需要讲究一定的时机和环境。无论是倾诉者还是被倾诉者，双方都需要一个空闲的时间和一个安静舒缓的氛围。在对方繁忙或自身情绪不佳时进行倾诉，不仅不能给自己带来帮助，还会招来对方的反感；倾诉之前最好先确认对方是否方便，避免对方繁忙让自己失望。

倾诉也不是多多益善，倾诉也要有个度，过了这个度就是"发牢骚"了。谁都不喜欢发牢骚的人，毕竟谁会愿意一直被别人当成"坏情绪的垃圾桶"呢？就算对方足够耐心地听你倾诉，但别忘了，人的承受能力都有个限度，过了这个限度，对方也只能束手无策了。

我们在面对情绪的影响时，要学会自我治疗，学会运用倾诉疗法，向别人倾诉，说出自己的纠结和郁闷。在说出这些话之后，释放了自身的负面情绪，虽然不会瞬间变得元气满满，但也在一定程度上缓解了心理压力，并能帮助自己最终战胜不良情绪，对自己充满自信。

5. 谁有最大的野心，就有最大的焦虑

网上流传着一句话：你痛苦的根源就是你的能力撑不起你的野心。野心越大，压在身上的担子就越重，承担的风险

也就越大，由此产生的焦虑也难以想象。

薇薇一直以来都有一个电影梦，她常说："我一定要成为章子怡那样的演员。"2001年，她考北京电影学院失败，次年再考，再次失败。2003年的时候，她在家里的安排下，嫁给了一个公务员，不久生下了一个女儿。

后来，做了全职妈妈的她的电影梦又死灰复燃。她丢下女儿，离开了丈夫，只身去了北京，临走前她告诉自己：我一定要实现我的电影梦。在北京的那段时间她并不如意，丈夫和父母多次给她打电话："混得不好，就赶紧回来吧。"薇薇就像是和自己杠上了，她说："不成功，我绝不回来。"

没几年，丈夫和她离了婚。

接下来的日子里，薇薇虽然全力以赴，但终究还是没能成为下一个"章子怡"。她接受不了自己的"失败"，终于在元旦凌晨吞了药。

对于高品质生活的追求，每个人都是一样的。羡慕那些咖啡、下午茶、party和说走就走的旅行是最基本的生活模式的"高大上"的人生；羡慕那些家里有一个专门放衣物的房间，里面满是全球限量版的人；羡慕那些从造型夸张的跑车上下来，然后骄傲地昂起头颈说，这些都是我自己赚来的人。

每个人都想过上这样的人生，但并不是每个人都有那样的能力和机遇。多数人都是普普通通的人，但总有一些人不

第三章
从重度焦虑到自控达人的距离有多远

甘心,对那些华丽耀眼的梦想过于执著,以至于让自己的梦想最终成为了幻想。

事实告诉我们,人和人之间确实存在着差距,人的智力、能力和天分有三六九等之分。一味地强迫自己成为"最优秀"的人,对自己的期待超过了自己的能力,让不切实际的野心占据了自己的全部,只会让自己越来越焦虑。

马斯洛的需要层次理论,把人类的需要从低到高依次分为:生理需要、安全需要、社会需要、自尊需要、自我实现需要。这五种需要像阶梯一样从低到高,按层次逐级递升。除了一些特殊情况可能会导致层次的次序被打乱。比如,一个立誓单身的宗教信仰者,不一定要在自我实现之前必须先满足生理上的需要。

但大多数的情况下,人的需要层次必须逐级满足。也就是说,在实现最高层次的需要之前,必须满足自己的生理、安全、社会以及自尊需要。只有先满足了自身的基本需要,才能为更高的需要提供有力的支持。否则,想要一下完成最高的需要,就如同没有地基的空中楼阁,是不切实际的,是永远不可能实现的。这也是为什么,野心越大,失望也就越大,也更加焦虑的原因。

《江湖外史》里有一段话让人醍醐灌顶:一个人志向太大了,对他自己来说多半是个不幸。不说那志大才疏的,也不说那怀才不遇的,单说那功成身就的,一般是少不了要勉强别人又勉强自己的。

《孙子兵法》里面写：知彼知己，百战不殆；不知彼知己，一胜一负；不知彼，不知己，每战必殆。一个人如果不了解自己的实力，看不清自己，对自己的能力不清楚，盲目自信，是根本不可能战胜自己的。一个人，如果连自己都没有办法战胜，也就更没办法完成自己的野心了。

因此，想要完成自己的需求，首先要正视自己，了解自己，看清楚自己的实力。在自己的实力之下，制定一个合理的目标。拿破仑曾说："不想当将军的士兵不是好士兵。"野心在一定程度上能够刺激一个人的潜力。美国加利福尼亚大学的一位心理学家研究发现：野心是人类行为的推动力，人类通过拥有野心，可以更有力地攫取更多的资源。

但野心是建立在个人才华的基础之上的，自己没有才华，空有野心是愚蠢的，更是不可实现的。才华与野心、能力与目标本就是两个相连的个体，要想走得更远、飞得更高，缺一不可。一个人若是拥有才华而没有野心，即使他再有能力，也不会有多大的作为。与此同时，在拥有野心与目标的前提下必须有才华与能力做支撑，没有了才华与能力，所有宏伟的目标、远大的抱负都属于幻想，幻想勾起的欲望只会让人越来越焦虑。

有野心并不可怕，可怕的是没有才华的积累。当我们的才华足够撑起我们的野心时，焦虑自然就会消失，自信与快乐就会占据我们的内心。努力学习，积累经验，让我们不断地提升才华，摆脱焦虑，成就自我。

6. 接纳会犯错、有瑕疵的自己

生活中，每个人都有各种各样的缺点。无论是名人还是普通人，都不可能达到完美无缺的程度。"金无足赤，人无完人。"我们要学会接纳不完美的自己。

骆冰是个完美主义者并引以为傲。每次骆冰接到领导给她分配的工作任务，她都会倾尽全力去做，把任务的每个细节都处理得尽可能完美。她这种极度严谨的工作态度很快就有了效果。

经她手的工作从来没出过差错，她拿出的每一个方案客户都挑不出毛病，同事们纷纷对她竖起大拇指。她在职场上表现出了老员工才有的素质，很快就成了领导眼里的红人。

公司的管理层见骆冰办事谨慎老道、从不出乱子，就打算让骆冰独立负责某些项目。就在骆冰开始负责项目时，她的完美主义却成了她工作中的绊脚石、拦路虎。

一项任务接到手之后，骆冰总会耗费大量的时间来和团队成员商议，目的就是得出一个完美的方案。这就侵占了相当一部分用来执行任务的时间。在任务的收尾阶段，骆冰总在细节上过于较真，好几次都是因为这样，而导致了任务没能按时完成。

这些现象让骆冰的团队在公司里一直处于业绩垫底的状态。现在，每当一个人的时候骆冰总会想："完美主义究竟是不是一件好事？"处理事情时仍旧保留完美主义习惯的她，也因此而变得越来越焦虑。

在以往的认知里，我们都认为那些堪称完美的人一定是充满魅力的，会在人群中大受欢迎。但事实却恰恰相反，仔细观察你会发现，朋友里最受欢迎的不是温文尔雅的"高富帅"，反倒是那个时不时就做一些"蠢事"的普通人。对那些严谨认真的领导，我们总是敬而远之，而对那些时不时就会出现一些口误的领导我们却是真心爱戴。这都是"白璧微瑕效应"在作怪。

针对这种现象，心理学上有两种说法。一种说法认为，一个能力非凡、堪称完美的人给人的感觉是不安全、不真实的，对于这样的人，人们大都选择敬而远之。俗话说："人非圣贤孰能无过？"对于那些没有缺陷，从不犯错的"圣人""贤者"，大多数人反而会敬而远之。

另一种说法是，我们会出于自我保护的目的去避开那些完美的人，而选择亲近一些身上有一些瑕疵或小毛病的人。人太过于优秀会让其他人感觉到自己的价值感被贬低，这种自尊受损、自惭形秽的感觉让人产生了"避害"心理。在生

第三章
从重度焦虑到自控达人的距离有多远

活中,我们有意无意地疏远过于优秀的老朋友,与嫁入豪门的闺蜜越走越远,便是这个原因。

但如果这些完美的"人生赢家"犯一些小错,从某种角度来说会提升别人的价值感,拉近彼此之间的心理距离,自然更容易受到他人的喜爱。

通常情况下,完美主义者在执行某项任务前会认为这项任务做到完美是"必须"的。"我必须做到完美!""我必须得到所有人的认可!""务必让别人挑不出一点毛病!"有了这样的信念之后,紧随而来的便是过于关注任务的结果。"我一定要成功,万一失败我将彻底沦为别人的笑柄。"

大量心理学研究已证实,完美主义心态会导致抑郁和焦虑,降低生活质量。这种消极影响如此严重,以至于完美主义已被作为抑郁症状的一部分,并成为造成抑郁自杀事件的一个重要诱因。

很多时候,我们的焦虑都出自一个根源,那就是在完美主义心态的驱使下,绝不允许自己出半点差错。在我们宁死也要捍卫的完美形象背后,藏着一颗惊魂不定、不堪一击的小心脏。

《大戴礼记》里说:"水至清则无鱼,人至察则无徒。"承认自己的不完美,允许自己犯错,才能受欢迎,进而告别焦虑。

在西方人眼中,祖母绿是绿宝石之王,也是国际珠宝界公认的名贵宝石之一。天然的祖母绿几乎都有瑕疵,因此,在宝石鉴定法尚未普及的时代,人们用来辨别祖母绿真伪的一个主要标准就是：没有瑕疵的祖母绿一定是赝品，有瑕疵的祖母绿才有可能是真货。

天然的东西大都有瑕疵，但它们却因瑕疵而显得更加可爱。反倒是那些人工雕琢过度的东西，看似完美无瑕，却一文不值。宝石如此，人也是如此。

《大戴礼记》说："水至清则无鱼，人至察则无徒。"承认自己的不完美，允许自己犯错，才能受欢迎，才能告别焦虑。王家卫在《一代宗师》中说："所谓大成若缺，有缺憾才有进步。"完美主义是一个诱人的陷阱，陷进去必将导致焦虑，与其在这个陷阱中沉沦，不如在缺憾中寻求进步。

这个世界上没有谁是绝对完美的，不要对自己过于苛刻。相信上帝给你关上了一扇门，还会为你打开一扇窗。接纳不完美的自己，摆脱焦虑，在快乐中不断地追求、不断地向上，终有一天，你会为自己感到自豪、骄傲。

7. 不要在别人的标准里迷茫

我们的生活中，有太多的标准。这些标准分为自己制定的标准和别人制定的标准两种，有的人活在自己的标准中，快乐、向上；有的人活在别人的标准中，迷茫、不知所措。

孙子伟今年刚刚大学毕业，就在父母的压力之下，回到

第三章
从重度焦虑到自控达人的距离有多远

了老家所在的城市找了一份工作。刚刚没工作多久，父母就对他说："你看你今年已经24岁了，按照咱们这儿的标准，差不多26岁就结婚了。你看你现在也开始工作了，等到你结婚的时候，不能什么都靠父母，买房、买车的事情，家里面也帮不上大忙，你要自己承担起责任。"

他看着父母苍老的容颜，实在不想惹他们生气，只能答应下来。他开始拼命地工作，可是想要在短时间内成就一番事业，也不现实。最终，他在父母地安排之下，娶了一个农村的姑娘。结婚以后，思想观念的巨大差异，导致他们经常吵架。他开始变得越来越烦躁，越来越对生活充满失望，不知道未来该怎么办。

到了一定的时间，年龄就成了捆绑我们的工具。自此，我们开始调整自己的生理和心理，以在特定的年龄段里完成"应该"完成的任务。

我们根本不知道这些所谓的"应该"是从哪里来的，也不知道如果自己没有按照这些标准来活会承担怎样的后果。但这些声音萦绕在耳边，嗡嗡作响，让人焦虑不安。

每个人都是独一无二的个体，每个人的人生轨迹都不尽相同。即便一些人按照所谓的"大众标准"来度过自己的一生，也难免会在强行附和中出现种种偏差。由此可见，所谓的"大众标准"根本就是无稽之谈，它不具备任何的普遍约束力。

没有自控力，你谈什么人生

大众心理学的不朽之作《乌合之众——大众心理研究》中曾提到：群众的叠加只是愚蠢的叠加，而真正的智慧却被愚蠢的洪流湮没了。盲目地追随"大众标准"就是一种迷信，正如网上流传的那句话："因为大多数人的选择，不一定就是对的，不一定对你就是合适的。"

所以，我们应该找到适合自己的标准，并以此为准则，来规范和指引我们不断前进。在适合自己的标准中，我们不会产生任何焦虑和不安，同样也不会不想、不愿去做。相反，我们会以积极的心态去面对挑战，并充满信心地去寻找方法，战胜困难。在整个过程中，我们不会有任何懈怠和不情愿，而是心甘情愿为提升自己而奋斗。

台湾作家舒国治活得清贫却随性、优雅。他爱旅行、爱美食。在美国的七年里，舒国治一边打工一边旅行，开着一辆破旧的雪佛兰轿车走遍了美国的44个州。在旅行中，他风餐露宿，但他是非常快乐的。他说："虽然没有钱也没有规划，但我的灵魂是自由的，我不知道自己要去哪里？要做些什么？但有一种神奇的力量在促使着我行走，仿佛远方是我唯一的归宿。"

他热爱美食，但又吃不起大饭店，于是就把目光瞄准了路边的小馆子、大排档。为了吃一顿豆角包子和绿豆稀饭，他会早上五点钟就起床，钻进路边小店大啃大嚼。吃完后再回家拉上窗帘睡到自然醒。

第三章
从重度焦虑到自控达人的距离有多远

吃惯了街边的牛杂汤、卤肉饭、牛肉面、水煮菜之后,舒国治反倒抵触起了星级酒店里的豪华大餐,他说那些东西"人为雕琢的痕迹太重,就像贾府里的烧茄子,根本吃不出食物的本味"。

51岁前,舒国治一直都是一个人生活,他不仅没有妻小,就连宠物都没养过一只。51岁时他突然想谈恋爱,最终凭着自己的种种魅力追到了女友,后来带着女友他还照样去吃小店,去吃大排档。舒国治把自己的美食体验写进了作品里,这些作品收录成册,就有了他的《台北小吃札记》和《穷中谈吃》两部佳作。

也许你认为舒国治的生活方式太过"极端"。但舒国治敢于对"大众标准"发起挑战,并最终活出了自己。舒国治的生活很好地证明了,离开大众标准,甚至完全背离大众标准照样可以活得很好。

按照自己的内心去做事,形成自己的一套行之有效的标准,而不是看别人的眼光去执行"大众标准",是大多数人走向成功的一个重要途径。没有谁有权规定我们什么时候该做什么事,也没有哪个标准是真正适合所有人的,做自己的主人,跟随内心的脚步,努力过好每一个当下,焦虑自然就会离你而去。

8. 拒绝自责，让纠结焦虑的内心戏见鬼去吧

自责来源于我们对于别人的愧疚，这种愧疚深深折磨着我们，使我们的心情变得焦虑，严重时，惶惶不可终日。与其自责，不如真正做一些弥补的事情，来让自己的情绪变得积极向上。

生活中，每个人都会有这样的经历：下定决心买一个东西，到了店铺以后，总是看看这家，看看那家。结果，这家也喜欢，那家也喜欢，不知道应该怎么选择。好不容易做出了选择，买下之后，却又感觉另外一家的货好，于是开始后悔自责了，心里忍不住想：我为什么当初不选择那一家的呢？在自责的同时，心情也变得越来越糟，越来越焦虑。

这种焦虑来源于我们的选择，我们总以为自己当初的选择是错误的，如果能够重新选择，一定选择自己认为对的。可是，自己当时认为对的，谁知道以后对不对呢？我们在这种无限假设之中，焦虑就形成了，并逐渐填满整个内心。

周末，闫乐和朋友们约好了一起出去吃饭唱歌。吃完饭后别人都在兴致勃勃地唱歌，闫乐却在一边时不时地就打开手机看看时间，她心里盘算着："看样子他们要玩到十二点多了，可明天是周一了呀！我还有几个重要客户要见，一个

第三章
从重度焦虑到自控达人的距离有多远

文案要写,还有三个会议等着我去参加。这么多工作等着我,我必须早睡才能确保精力充沛啊!不行,我得想个托词提前开溜。"

有了提前开溜的念头后闫乐又有了新的顾虑:"我就这样走了会不会很不礼貌,大家下次会不会就不叫我了?"纠结了很久之后闫乐终于鼓起勇气跟朋友们说有事先走。

回到家后闫乐却一直在想:"上次聚会我也是提前离开的,我这种行为会不会太频繁了?这样做会不会扫了大家的兴啊?"于是闫乐带着沮丧的情绪开始为第二天的工作做准备。

当所有事情都处理完毕,终于可以躺在床上的时候,闫乐却从朋友圈发现朋友们也都散场回家了。闫乐再次陷入了新一轮的自责:"回来这么早也没有提前睡,为什么我不耐下性子多待一会儿落得皆大欢喜呢?在一连串的自责和焦虑中,闫乐迟迟无法入睡……"

现在的人把复杂的自责心理称作"内耗",从字面上来理解,我们就可以猜到自责的心理活动消耗了我们意识里的某些东西。影视剧里"内耗"的场景很多,我们经常在剧中看到一个女生因小事而深深自责,最终莫名其妙就变得情绪低落的场景。这便是一种夸张化的"内耗"。

这样的场景在现实生活中也并不罕见,我们每个人都会遇到。自责之所以会出现,是因为我们渴望通过自我控制,营造一个更加完美的形象，或者争取利益最大化。在这个过程中，内心就产生了过多的自我拉扯，最终导致内心能量不足、身心疲惫。

追求更好、更优秀，想树立一个良好的形象是无可厚非的，但如果刻意强求就会出问题。甚至还有可能给自己带来伤害。

尽管你在努力树立一个良好的形象，但不可否认的是，你糟糕的一面也一直存在，你不可能做到面面俱到，也不可能时刻都保持优秀。每当你表现得不尽如人意，你会怎么对待自己呢？即每当你出现了懒散、懦弱、拖延等时候，你怎么对待自己呢？

通常情况下，你会告诉自己这是不好的、不对的。接着你就开始讨厌自己、嫌弃自己。这样一来，你就陷入了自责中。并且"一定要优秀"的心越强，你的自责也就越发强烈。在此基础上你会花大把的时间和精力来排斥自己，这让你越来越累，做起事来也就越来越力不从心，事情的结果就会变得更差，你又因此更加排斥自己，进而进入了死循环。

可以说人最大的"内耗"就是自责。差劲让人痛苦，比差劲更让人痛苦的是陷入深深的自责。其实很多时候你本不必如此，相信一直都在追求卓越的你已经足够完美了。此时，你需要的是减少自我控制，喘一口气放松一下，让周围的世界变得更加宽广。

第三章
从重度焦虑到自控达人的距离有多远

小敏一直都是一个很努力的女孩。她常说:"如果哪天我不努力了,感觉周围的一切都会失控,包括我自己。"

为了保持体形,她晚饭从来不多吃,有的时候甚至不吃。晚上下班回到家即使再累再困,也要逼着自己上跑步机完成制定的跑步任务。除此之外,她还强迫自己每天必须在十一点之前入睡。偶尔和朋友们聚在一起聊个天,她也会尽量收敛自己的言行,让自己看起来像个淑女。生活中如此,工作中的小敏同样如此。

这样的小敏的确很优秀,但她也活得很累,特别是自己表现得不够好的时候,她就会陷入深深的自责中。

后来小敏突然想通了,她尝试着十一点照样在外边嗨,聊得开心了就放肆地笑,晚上想吃零食就大口吃。一段时间过后,小敏发现生活反而好像变得更美好更轻松了,而她也没变成一个不思进取油腻臃肿的胖子!

自责让我们焦虑,让心情变得糟糕,没有任何好处可言。在面对自责的时候,我们要学会适当拒绝它,勇敢地去面对已经发生的事情。既然我们不能改变已经发生过的事情,就不要过分纠结,着眼于即将到来的事情,保持好心情,积极地去应对,才是正确的并且应该做好的事。

9. 在焦虑中学会和自己相处

大多数人处在焦虑中时，往往会把自己的注意力放在某一件事情，或者是某一个人身上。由于太过于专注，而忽略了自己，变得不会跟自己相处，往往会给自己带来灾难性的伤害。

妮娜是一名芭蕾舞演员，在纽约和母亲一块住。她非常优秀，并且也有非常远大的目标。但是，她始终没有红的机会，这让她本人非常难过，经常心情不好。

过了一段时间，机会终于来了。托马斯导演看中了她，准备让她在即将推出的《天鹅湖》中饰演主角，不过，她还有一个强有力的竞争者莉莉，需要战胜她才能顺利成为主角。另外，托马斯导演还要求担任主角的人，不仅能够演出白天鹅的纯洁和优雅，还要表演出黑天鹅的黑暗和狡黠。可问题是妮娜太过于端庄和正统了。只适合表演白天鹅的角色，黑天鹅的特征她是不能够完美展现的。因为这一点，托马斯导演迟迟没有下定决心。

对于成功的渴望，让她焦躁不安，她开始变得暴躁和鲁莽，开始自我毁灭，想要挖掘自己身上的黑暗一面，期望能够找到黑天鹅需要的状态。经过她不懈的努力，她终于突破了所有障碍，如愿以偿成为了主角。

第三章
从重度焦虑到自控达人的距离有多远

在演出时,她把这个角色演绎得栩栩如生,特别是到了最后,白天鹅变成黑天鹅时,黑白相互交融,精确地表达出了黑天鹅堕落扭曲的气质,赢得了满堂喝彩,成为了整部舞剧的最大亮点。

对于她来说,代价也是非常惊人的,她从此走向堕落,分不清楚生活和舞蹈角色,沉浸在幻象中,最后精神崩溃了。

妮娜太渴望成功了,以至于陷入到不可自拔的焦虑中去,在追求完美的过程中,迷失了自我。

法国著名作家加缪曾经说:"当对幸福的憧憬过于急切,那痛苦就在人的心灵深处升起。"对于成功太过于急切,必然会让我们陷入到焦虑中去,内心会充满危机和惶恐。

生活中,有太多的人跟妮娜一样。为了成功,为了取得别人的认可,不惜出卖自己,取悦别人。在这种情况下,即使取悦了别人,获得了成功,我们也很难获得自己内心的快乐。

我们如果不会跟自己相处,情绪就会被别人操控,丧失了快乐的权利,全凭别人给予。而别人给予的快乐是不稳定的,它会随着时间的变化而变化,时有时无。在这种不稳定的状态之下,我们所产生的心理波动将会很大。试想一个人从极其快乐一下子变为极其难过,一次两次或许还能忍受。但次数多了以后,很少有人能够不焦虑的。

没有自控力，你谈什么人生

"梧高凤必至，花香蝶自来。"想要得到别人的认可，获得成功，也获得心安，就要放弃取悦别人，接纳自己，按照自己内心的真实想法去行动，只有这样，我们才能真正获得安全感。

与自己相处首先需要做到的就是学会友善地对待自己。通常情况下，我们在面对家人、朋友的苦难时，很容易表现出友善温和的态度，却唯独把自己排除在了温柔对待的范围之外。自我友善意味着以同样温暖的心理解自己的失败，容忍自己的瑕疵。就像善待那些陷入困境的朋友一样，我们也可以被自己的努力和苦痛所打动。

对自我友善的人而言，他们很清楚挫折不过是人生的寻常遭遇，就算尽力了，坏事还是会发生。他们会欣赏自己的努力，包容自己所遭遇的苦难。"同情不只与那些无辜的受害者有关，它与每个为失败、弱点或者失策所累的人都息息相关。不言而喻，你我的生活就是如此。"

其次，懂得与自己相处的人会取悦自己，并能够在其中获得足够的安全感。大多数时候，我们都在取悦别人，期望由此而获得安全感。我们取悦亲人朋友、同事领导，就是为了加固我们与他人之间的关系，因为关系不牢靠会使我们惶恐。但没有一个精彩的自己，无论我们怎样取悦别人，始终都无法获得真正的安全感。

记者采访一位知名的企业家，记者问："你觉得你取得这么大的成就,最大的原因是什么?"这位企业家说:"来自自己的安全感。"记者又问:"能不能再说得详细一点?"

企业家思索了一会说:"我给你讲一个故事。20年前,我出生在一个贫困的农村,那时候,我因为学习成绩很差,得不到别人的认可,内心非常苦恼。我拼命地做很多出格的事情,想以此来吸引别人的注意力,但是都失败了。最后,我终于不再那么做,而是专心写作,渐渐地我写的作文越来越好,老师越来越重视我的作文,同学们这才转变了对我的态度,开始和我深入地交流。"

真正的安全感源于自身。取悦自己,让自己保持良好的精神状态,让自己越来越优秀、越来越有魅力,自己的吸引力提升了,你散发出的向心力、凝聚力也会随之提升,此时的你也就不会再缺乏安全感了。

当我们因为受别人的影响而产生焦虑时,不妨放下取悦别人的想法,与自己交流,和自己相处好了以后,才能更好地跟别人相处。

10. 过去的错误,要么尽力补救,要么放下

错误已经发生,事实已经没有办法改变,**我们能做的只有尽量去补救或者放下。紧紧地抓住不放,只能让自己越来

越焦虑，甚至陷入深深的自责中。

生活中，我们一不小心惹怒了朋友，不去道歉、认错，而是陷入深深的歉意中，惶惶不可终日；工作中，犯了一个低级错误，害怕领导批评，于是尽量隐瞒，心中焦虑不安，生怕领导什么时候发现。

总有些人在犯了错误之后，一直患得患失、念念不忘。但这又有什么用呢？就好比一瓶被打翻了的牛奶，无论怎样自责，它都无法恢复原样。对待过去的错误，要么选择尽力补救，要么就选择放下。

有些人认为，自己犯下的错误就要牢牢地记着，这样才能被激励，"好了伤疤忘了疼"只会让人越来越懈怠。这些人认为，记着自己的错误，时不时地就拿错误来"鞭挞"自己的行为是一种合理的"自我批判"。

但"自我批判"正是抑郁和焦虑的一个主要症状。持续地拿着过去的错误来进行"自我批判"会让你持续性地处于弥补过错的阴影中，自始至终都抱有强烈的遗憾感而难以尝试新的行动。除此之外，"自我批评"还会使人消极沮丧，带走工作所需要的活力和创造力。紧接着，你很容易陷入"自我批判—失败—自我批判"的死循环中无法脱身。

东汉末年，群雄逐鹿。袁绍雄踞在冀北，实力雄厚。但北方的曹操有崛起之势，于是，他出兵想要打败曹操。但是由于他不信任手下，不会用人，在官渡之战，大败于曹操。

第三章
从重度焦虑到自控达人的距离有多远

战败以后,回到冀州,他不思考自己所犯的错误,反而为了维护自己的荣誉和尊严,开始美化自己,还把说实话的田丰给杀害了。在这之后,他更加心胸狭窄,整天忧心忡忡,最终被曹操所灭。

西班牙著名作家塞万提斯说过一句话:"对于过去不幸的记忆,构成了新的不幸。"对过去的错误,有机会补救,就尽力补救;没有机会补救,就坚决将其丢到一边,不要陷在过去失败的泥沼里,无力自拔。

有很多人自己犯了错误,过后却不敢承认。因为一旦承认了错误,自己的光辉形象就会瞬间崩塌,不复存在。很多人是经受不了这样的打击的,他们宁愿为了掩盖错误,去说无数的谎言,也不愿意在别人面前公开承认自己的错误。

俗话说:"纸是包不住火的。"越是掩盖,就显得越不自然,内心就会越发焦虑。这样是很难不被别人觉察的,即使没有被别人发现,自己也永远活在恐惧之中,内心充满煎熬。

人生中的许多烦恼都起源于自己同自己过不去。人非圣贤,孰能无过?如果有了过错、挫折、烦恼,就终日沉陷在无尽的自责、哀怨、痛悔之中难以自拔,那么,人生境况就会像泰戈尔所说的那样:"不仅失去了正午的太阳,而且失去了夜晚的群星。"

我们不妨走出不敢承认错误的"泥潭",努力去弥补或者遗忘，使自己的内心获得安定，这样也许还会获得意想不到的收获。

2017年4月30号西安周杰伦演唱会上，当周杰伦看到歌迷的灯牌被执勤的安保人员没收扔掉后，现场就发飙了，他对着安保人员说："你听到我跟你讲话没有，你不要乱丢我歌迷的灯牌，给我滚出去。"当时，现场一片欢呼。

事后，经过调查，安保人员是为了维持现场的秩序，而不得已做的事情。明白了事情的全部后，周杰伦第一时间发表了诚挚的道歉，并且拍摄了道歉视频，不但获得了粉丝的维护，而且还被央视表扬。

"知错就改，善莫大焉。"意识到错误以后，我们只要及时改正，并进行有效补救。不仅能获得内心的安宁，而且还能最大程度地得到别人的谅解。

当我们勇敢地把错误承认了，在正视自己的同时，内心所深深隐藏的事情也就释放出来了。任何事情憋在心里，都会使人难受，更何况是自己做错的事情。当我们敢于承认自己的错误，实际上也向别人证明了自己是一个光明磊落的人，是一个愿意承担责任的人。每个人都有犯错误的时候，很多人都有体会，又怎么会不原谅你呢？

总之，我们不要为过去犯的错误，想尽办法隐瞒，要学会勇敢面对，然后摆脱焦虑，走出阴霾，走向辉煌的未来。

第四章
减负前行,做心理压力的调节师

第四章
减负前行，做心理压力的调节师

1. 换个角度，逆境就会帮到你而不是伤到你

每个人都希望自己顺风顺水，生活中没有任何逆境。可现实生活中，人人都会和逆境不期而遇。面对逆境，有的人选择自信奋斗，走出去；有的人则悲观面对，陷入绝望之中，无法自拔。

被誉为"创业天才"的茅侃侃在 2018 年 1 月 25 号自杀了。他 17 岁就获得了微软三项认证，是整个亚洲最年轻的获得者。20 多岁就开始独立创业，很快就拥有了自己的公司，身价过亿，被媒体称为青年人的励志典范。

但好景不长，在经历了公司资金链断裂的困境后。最终，他无法承受巨大的压力，选择了自杀。

一路处在顺境中的人，往往会被安逸、享受蒙蔽内心，失去应对困难和挫折的勇气。一旦逆境来临，在巨大的压力之下，内心无法承受，又无法排解出来，最后，因压力过大，而导致严重的后果。

没有自控力，你谈什么人生

鲁迅先生曾说："生活太安逸了，人的精神就被生活所累了。"人生路上，逆境就仿佛是个弯道，是个弯曲的小径，一旦转过去，我们或许会发现一片开阔的风景，获得意外的精彩和美好。

李嘉诚少年时为躲避战祸，随同家人一起，从广东潮州步行了十几天来到香港，寄居在舅父家中。李嘉诚的父亲李经云在香港开始了长期的拼搏。因劳累过度，不久李云经离开了人世。临终之际，李经云对李嘉诚说："阿诚呀，日后要有骨气，人有骨气才是顶天立地的汉子，失意不能灰心，得意不能忘形。"

李嘉诚美好的童年随着父亲的去世一去不复返，年幼的他担负起了养家的重任。面对人生的转折，面对恶劣的环境，他渐渐成熟了。

刚开始找工作时，李嘉诚确实有几分倔强，两天来遭受的种种挫折，使他产生了一个顽强的信念：我一定要找到工作！苍天不负有心人，李嘉诚终于在西营盘的"春茗"茶楼找到一份工作，这是一个清苦艰难却磨炼人意志的工作，李嘉诚很满足。

茶楼的工时，每天都在15个小时以上。茶楼打烊，已是夜深人静时。李嘉诚回忆这段日子，说："我是披星戴月上班去，万家灯火回家来。"这对一个十四五岁的少年来说，实在是太苦了。

第四章
减负前行,做心理压力的调节师

李嘉诚说:"从石缝里长出来的小树,更富有生命力。"经历过逆境洗礼的人,能够锻炼出坚忍不拔的信念。在选择怎样面对逆境时,这些人往往能够以不同的角度去看待,把逆境看成成功所必须经历的阶段。处在逆境中并不可怕,可怕的是我们不能转化我们对逆境的看法,总是感觉逆境不可战胜,压力巨大。

现在人们常用"草莓族"来形容1981年以后出生的这群人。因为他们在工作上所展现出来的低抗压性,如同草莓一样,虽拥有光鲜外表,但只要轻轻一压,整个形状就被破坏了。其实最根本的原因,就是他们缺乏处理失败的应变能力,不懂如何换个角度,改变自己对失败的想法罢了。

美国亚拉巴马州的人们世世代代都以种棉花为生,但就在1910年的时候,巴马州的农田遭遇了一场特大象鼻虫灾害。害虫所到之处,棉田几乎全毁。那是一幕惊心动魄的惨相,棉农们欲哭无泪,一年的辛苦劳作就这样毁于一旦了。

象鼻虫之灾,绝了棉农的生计。于是他们不再单一只种棉花,开始选择另外的植物种植,像玉米、大豆、烟叶等农作物。出人意料的是,这些农作物的经济效益比单纯种棉花高出了4倍。从此,亚拉巴马州的经济走上了繁荣之路,人们的生活越来越好。

其实事情都是多面的,就看你从什么角度去看待它。有句话叫:喜悦在生命转弯的地方。如果我们只是看到逆境带给我们不利的一面，而去屈服，就不可能看到转弯以后所带来的喜悦。

伟大的人之所以伟大，就在于他们遇到逆境的时候，不会悲观对待。而是转换角度，乐观看待，并能从中看出巨大的机遇，同时为之不懈奋斗，最终取得意料之中的收获和成功。

遭遇不如意的事情时，我们一定要学会转换思维的角度，从好的方面来看待整个事情。学会跳出思维的惯性，也许你会进入一片全新的领域。把失败当做经验和机遇，把逆境当做人生的考验，这样的人，任何困难也难不倒他。

2. 被拒绝，先别打退堂鼓

成功需要实力，在别人不了解我们的实力之前，被拒绝是一件很正常的事情。任何一个人，都不可能不经失败就走向成功。

美国好莱坞著名演员席维斯·史泰龙是我们很多人都熟悉的。席维斯·史泰龙在还没有成名之前，身上只有100美元和一本根据自己悲惨童年改编的剧本《洛奇》。

史泰龙挨家挨户地去敲好莱坞当时所有电影制片公司的大门，给自己寻找可以演出的机会。然而，当史泰龙对五百

第四章
减负前行，做心理压力的调节师

家制片公司一一拜访过后，没有一家公司愿意使用他的剧本。但是史泰龙却并没有泄气，他又从第一家开始，挨家挨户地自我推荐。

当第二轮拜访完之后，仍然遭到了所有制片公司的拒绝。史泰龙还是没有放弃希望，他坚信"没有所谓的失败，只是暂时不成功而已"。他把之前的拒绝，当做是自己的绝佳经验。

后来又经过多次上门拜访，终于有一家制片公司的负责人被史泰龙的执著和毅力所感动："我不忍心再看你拼命了，你耗尽了多少汗水，我就给你多少喜悦吧！"这家电影制片公司同意采用他的剧本，并聘请他担任自己剧本中的男主角。

电影《洛奇》一炮打响，席维斯·史泰龙成了超级巨星、美国新一代的英雄偶像。

巴斯德曾经说过："如果在胜利前却步，往往只会拥抱失败；如果在困难时坚持，常常会获得新的成功。"人生就像一场马拉松比赛，不到最后是看不出结果的，而最终的结果无疑取决于参赛者的耐力以及专注力，往往在那些看似就要失败的时刻，只要能继续坚持下去，便有可能获得转机，走向成功。

生活中，有很多人，害怕被别人拒绝，因此不敢开口。即使自己拥有足够的实力，仍然不愿意在别人面前表现，结果始终得不到别人的认可，证明不了自己的实力；还有一些人,他们在被拒绝一次以后,就对自己失去了信心,开始怀疑自己的能力,认为自己的能力达不到标准,并最终选择放弃。一个人如果没有持之以恒的心,遇到困难就退缩,是很难有所成就的。

罗曼·罗兰曾经说过:"痛苦像一把犁,它一面犁破了你的心,一面掘开了生命的新起源。"然而,唯有永不言弃,永不绝望的人,才能掘开生命的新起源,那些在艰难困苦面前畏缩后退的人,只能成为碌碌无为的人。

被拒绝并不代表我们是失败者,要正视在成功过程中所经历的挫折,正是这些挫折,促使我们不断地向上,并获得成功。

英国最伟大的首相之一本明·迪斯累里,原本只是一名并不成功的作家。迪斯累里所出版的书籍有一打以上,但是却没有一本可以给大众留下深刻印象的。后来他进入政坛,下定决心要成为英国的首相。尽管途中遭遇了多方面的阻碍,但是他一点也不认为暂时的打击就是失败,他将坚定的意志力发挥到了极点,并且支持他度过暂时的危机,在他一步步坚持不懈的努力下获得了最后的胜利。在一场简短的演说中,对于他的权威,他一言以蔽之:"成功的秘诀在于坚持目标。"

马云毕业以后,找工作被拒绝了三十多次。创建中国黄页,向商务部门推销,被拒绝了。后来,他创建阿里巴巴,

第四章
减负前行,做心理压力的调节师

找到雷军,想让其投资,被拒绝了。经历过种种拒绝后,最终他找到了软银的孙正义,他刚讲了6分钟就获得了2000万美元的投资。从此,阿里巴巴迅速走向成功,马云也成为了中国最富有的人。

一个人的一生能够遭遇多少次的拒绝?面对这些拒绝,你是相信有奇迹的发生,还是在人生的道路上就此气馁下去?

很多时候,成功不在于跌倒了多少次,而在于比跌倒的次数多站起来一次。所谓"行百里者半九十",往往通往成功的最后那段路,才是最难走的一段路。因为越接近成功,我们所经历的痛苦就越多,所付出的艰辛就越多,当我们心力交瘁的时候,即便只是一个小小的变故或者障碍,都有可能将我们击倒。

这个世界上怀揣梦想的人有很多,但是最终达成愿望的又有几个呢?很多人在遭遇挫折的时候,很容易就打退堂鼓,面对一些拒绝,他们轻易就选择了放弃,通过失败与挫折继而淘汰掉一部分人。只有那些坚持不懈,永远信心十足的人才能获得他人无法企及的成绩。

被拒绝后就打退堂鼓,是最没有出息的人所做的事情,更是任何一个想要成功的人需要避免的事情。面对拒绝,不气馁,敢于地面对,找到被拒绝的理由,改正后重新再来。被成功所眷顾的人,永远在前进的道路上,而不是停在原地。

3. 挖掘潜能，提高个人逆商

"逆商"即逆境商数，它主要是用来表示挫折承受力的一种指标，反映的是一个人面对逆境、挫折时的心理状态和应变能力，是衡量某个人在社会生活中忍受逆境、战胜逆境的素质标准。

孙佳是一个网络小说作家，李蕊在一家跨国公司上班。一次，她们两个一起出去远游。到达一个大野岭时，车子突然抛锚了。司机告诉她们，需要等好几个小时，才能得到帮助。车里面的人开始怨声载道，但谁也没有办法。

孙佳开始着急了，她要保证每天小说更新，但是她还没有写好，越想压力越大。李蕊在了解了实际情况以后，没有丝毫的慌神。而是拿出了自己的笔记本电脑，然后，把自己的手机热点打开，开始写自己的策划方案。

三个小时以后，车终于修好了，她们又开始重新出发。五个小时以后，她们回到了酒店。李蕊已经写好了策划方案，并且提交成功，而孙佳现在才急忙打开电脑，着急地赶稿。

同样是面对逆境，不同的人会有不同的反应。生活中，很多人会像孙佳一样，面对逆境，手足无措，恐惧不已，在

第四章
减负前行,做心理压力的调节师

巨大的压力之下,选择什么都不做,放弃挣扎和拼搏;还有一小部分人会像李蕊一样,面对逆境,毫无惧色,心理波动也比较小,会迅速想办法,去试图解决问题。

之所以会出现这两种结果,是因为每一个人的逆商不同。逆商低的人,往往心理承受压力能力比较弱,同时抗争精神几乎没有,战胜逆境的能力低。在面对逆境时,往往害怕、恐惧,会失去反抗的意志,最终选择放弃。

相反,那些逆商高的人,往往心理承受能力强,战胜逆境的能力也高。在面对逆境时,往往表现出自信,相信自己能够通过努力战胜逆境,走出困境。在这种思想的影响之下,他们往往会更加积极地去寻找解决困难的方法,并为之不懈奋斗,从而获得成功。

斯泰雷16岁时在一家公司当售货员,尽管斯泰雷当时的地位和薪水都很低,但是他心中始终拥有一个不灭的愿望,那就是要成为一个非凡的人。

有一天,斯泰雷因为工作上的失误被经理训斥了一顿:"你这种人根本不配做生意,你徒有一身力气,没有脑筋,我劝你还是到钢铁厂当工人去吧!"一向保持乐观态度的斯泰雷,感觉自己被深深地伤害了,当即答道:"先生,你有权力将我辞退,但你无法消磨我的意志。等着瞧吧,有一天我要开一家比你大10倍的公司。"

几年以后,斯泰雷通过不断地努力,克服了重重困难,创造出了惊人的成就，成为了誉满全美的玉米糊大王，也成了一种激励他人在逆境中前进的力量！

逆境有时候就如同是一把双刃剑，它既可以为我们所用，也可以把我们扼杀。关键要看你握住的是刀刃还是刀柄。

有心理学家曾做过这样一个实验：把一个水箱中间用透明的玻璃板隔开，然后把一条饥饿的鳄鱼和一些小鱼分别放在水箱的两端，刚开始的时候，鳄鱼毫不犹豫地向小鱼发动进攻，可是，它被玻璃板狠狠地弹了回来。鳄鱼屡次进攻失败后就彻底放弃了。后来，心理学家将中间的玻璃板拿开，鳄鱼虽然饥饿难耐，但之前的无数次尝试让它觉得自己永远吃不到小鱼，所以眼睁睁看着小鱼在自己眼皮底下游动，也没有再去试一次，结果活活饿死了。

事实上，我们大多数人都有跟那条饥饿的鳄鱼一样的心态：当我们经过一段时间的努力而没有达到预定目标时，便开始灰心丧气，认为这件事自己永远都办不到，从而忽视了自身力量的壮大和外界条件的改变，于是放弃了努力，久而久之，形成了思维定势，沉浸在失败的阴影中爬不出来，以致于丧失了唾手可得的机会，最终一事无成。

潘粤明是一名很好的演员，但之前却因为离婚风波，事业瞬间跌落谷底。之后他凭借《白夜追凶》里面精湛的演技，获得了大众认可；张韶涵早年间因为一些传闻，经历了一段非常低落的日子，但她却没有屈服，而是以积极的姿态开办公司并参加各种演唱节目，最终用努力和实力获得了大众认可；平昌冬奥会上，我国著名短道速滑选手武大靖，在主观因素不利的情况下，在逆境中两次打破世界纪录，夺得金牌。

逆境商数的鼻祖保罗·史托兹认为：在具有高智商与情商的情况下，逆商对一个人的人格完善与事业成功起着决定性的作用，因为它往往决定了一个人在深陷困境的情况下是否能够用锲而不舍的勇气和毅力达成目标。提高逆商指数，可以让我们的潜能得到更大程度的开发。

逆境是我们成功的催化剂。挖掘潜能，提高逆商，就能战胜逆境，当我们能够轻松战胜逆境，离成功也就不远了。

4. 学会迅速适应环境

无论我们处在什么地方，都会被环境所包围。环境主要包括自然环境和社会环境。环境时刻在变化，能否适应环境，是对我们每一个人的考验。

英国作家萧伯纳曾说："当问题发生时，人们往往把责任推给环境，事实上，一个人应该努力适应环境，如果无法适应，便要自己去创造环境。"

没有自控力，你谈什么人生

2017年5月5日，印度电影《摔跤吧！爸爸》在中国上映，然后迅速引起了观影热潮。电影根据真实故事改编，讲述了印度一个全国摔跤冠军，因为家庭贫困，不得已放弃了自己的梦想，把成为奥运冠军的梦想寄托于儿子身上。但事与愿违，妻子接连给他生下四个女儿。

在梦想无法达成的情况下，他整天活在焦虑和压力之中。一次很偶然的机会，他发现自己的两个大女儿有摔跤的天赋。于是，他开始训练自己的女儿。但当时整个印度基本上没有女子摔跤，女儿们也不愿意这样做。经过他不懈的努力，终于说服了女儿接受摔跤，但又遇到新的问题：他连练习用的专业摔跤垫都买不起。他只能在土地上自己建了一个训练场，对女儿们进行训练。当时，很多摔跤比赛都是拒绝女子参加的，但是他始终不放弃，最终改变了别人对于女子摔跤的偏见，让女儿参加了比赛，并不断取得进步。

两个女儿都没有辜负他的期望，艰苦的训练加上他的指导，最终女儿们实现了他的梦想，获得了奥运冠军。

环境客观存在，无论是逆境还是顺境，我们都必须去面对。如果我们不幸遇到了逆境，逃避固然能够让我们没有压力，安逸一时，但一遇到逆境就退缩、放弃，以后无论我们做什么事情，都将很难坚持下去。

我们不去适应环境，就会被环境淘汰。社会中各种事物的存在自有它的理由，而我们对社会的适应就是一个不断改

第四章
减负前行,做心理压力的调节师

变自己的过程。比如,改变我们的生活习惯、我们的观点、我们的生活模式等,在这个过程中,我们一点点长大,变得成熟,并逐渐学会了生存的本领。

在当今社会,每天都发生着翻天覆地的变化。当我们进入一个新的、陌生的环境时,如果不能调整好自己的状态,就会产生不适应心理,并感到心慌、焦虑,工作自然也难以做好。

著名管理学家大卫曾经说过:"那些能够幸存的物种,不是最强的,而是最能够适应变化的!"智者在面对新的环境的时候,都会积极调整心态,而弱者在面对陌生的环境时会产生失落、惆怅的心理,甚至会导致辞职、自杀等行为,让人叹息不已。

相传在很久以前,澳大利亚的一个孤岛上生活着一群鸟,它们有尖而长的喙,因而得名长喙鸟,靠食一种蒺藜的果子为生。

就像人有美丑高矮之分一样,长喙鸟也分长喙和短喙的。但是不管它们的先天条件如何,母鸟都会在它的儿女满两个月时抛弃它们不管。

短喙的鸟一出生就被视为残疾,因为那种果子浑身长满坚硬的刺,只有长喙鸟才能啄开,每年都有很多短喙的鸟因无法啄开蒺藜的果子而饿死。而喙长的鸟一出生就有了骄傲的资本,他们眼看着短喙的鸟们被饿死,自己却得意地吃着蒺藜的果子自由地在岛上飞翔。

有一只短喙鸟在吃完母亲啄开的最后一颗蒺藜果后,不甘心被饿死,就毅然决定离开生养它的这片孤岛,去寻找新的生机。就在短喙鸟饿得头晕目眩的时候,它啄食了在浅海游动的一条小鱼,虽然它感觉很恶心,但它还是把那条小鱼吃了下去。慢慢的,它觉得小鱼的味道其实比蒺藜果的味道还要好。

一时间短喙的鸟们纷纷效仿,得以生存。短喙鸟的儿女们的喙更短,为了生存,它们天天去海里捕食,后来它们不但吃鱼,只要是能捕获到的动物都是它们的食物。在捕猎中,它们练就了一张短而有力的喙,还有一对大而强健的翅膀,和一双尖利的爪子。

随着蒺藜果的消失,长喙鸟也永远消失了,而短喙鸟却成了天空中的霸主,它的名字叫鹰。

达尔文在《进化论》中提出这样的观点:物竞天择,适者生存。地球上所有的生物,当遇到环境改变时,不去适应,就会逐渐走向消亡。

在现实生活中,我们常常听到有人抱怨工作不理想,生活不如意,和同事有隔阂,和上司关系紧张等等。他们常常把这些归结为不利的生存环境,却不从自身找原因,抱怨自己生不逢时,命运不济,对这个羡慕对那个赞叹。

新的环境是不会主动来适应我们的,当我们所处的环境发生变化以后,往往会感到不舒服和不习惯,但这都是能够逐渐习惯并接受的。不要抱怨或者试图让这个世界为你改变,我们的能力还达不到。相比于改变环境,更容易的是改变我们自己,来适应不断变化的环境。这就要求我们要很好的发挥主观能动性,认识环境,顺应环境,利用环境。有作为的人,在不同的环境中都能生存,甚至在逆境中也一样能创造奇迹。

总之,快速地适应环境,是一项很重要的技能。学会这项技能,无论处在什么环境中,我们都能游刃有余。

5. 错的不是压力,而是你不懂休息

压力无处不在,我们每一个人都无法逃脱压力。在面对压力时,如何去应对,不同的人有不同的智慧。

工作中,为了能够及时完成上级布置的任务,我们要给予自己压力,抓紧时间去完成。生活中,为了房贷、车贷,人们背上了极重的负担。面对这些压力,有的人悲观、情绪低落,永远活在压力的阴影中,成为不折不扣的失败者;而有的人虽然会处于低落期一段时间,但总会走出低谷,取得最后的成功。

网上流传着一则非常有意思的对话。对话的双方是华为

没有自控力，你谈什么人生

公司总裁任正非和索尼 CEO 吉田宪一郎。吉田宪一郎问任正非："听说您是在 44 岁创业，是否当初就定好目标，华为一定要成为全球第一的厂家？"任正非回答说："没有。"

1987 年任正非创建华为公司，创业之初的华为公司既没有资金，也没有技术，只能去做交换机的买卖，然后随着技术逐渐积累，慢慢走向自主研发的道路。1995 年 IT 泡沫席卷而来，华为面临严重的考验，总裁任正非承受的压力非常之大，以至于晚上根本睡不着觉，即使是吃安眠药也不行。渐渐地他得了轻度的抑郁症，并且在 2000 年的时候，他脑中产生了自杀的想法。但最终，在公司骨干的努力和他的坚持之下，他打消了自杀的念头，开始引领着公司前进。

压力对于每一个人都是考验，是战胜它，成为强者；还是屈服于它成为弱者，不同的人有不同的选择。

压力对于弱者来说，是十分致命的。弱者的心智是不成熟的，总是想当然地认为任何东西都是服从于自己的，自己想得到什么就能得到什么，不需要承受任何压力。在这样的思维之下，当他们真正遇到了压力，往往承受不了，甚至不了解为什么自己会有压力。承受不了压力，就会自甘堕落，任由事情慢慢变坏，也无能为力。

在当今快节奏的生活中，压力会骤然变大。对于那些弱者来说，无法承受压力，注定要被社会所淘汰，被生活所抛弃。

第四章
减负前行,做心理压力的调节师

强者在面对压力时,刚开始会受到一定的影响,但强者拥有更加坚强的意志和较强的战斗精神。在面对压力时,会激发出自己的潜力,发扬战斗精神,不向困难屈服,反而会比以前取得更大的进步。

压力无所谓好坏,战胜它成为强者,压力就成为了我们成功的垫脚石;我们屈服于它成为了弱者,压力就成了不可逾越的鸿沟。

我们要战胜压力,成为强者。虽然过程非常艰难,甚至我们会因此付出很大的代价,但战胜压力后,我们会取得心理和生活上的巨大成就,这是非常值得的。在战胜压力的过程中,通过休息不断调整自己的状态,就能很好地帮助我们。

战胜压力,许多人采取的方法,真的是科学有效的吗?为什么你睡了11个小时仍然觉得疲累呢?为什么你花了很多钱去度假却并没有增加生活的热情?都说要去KTV、去夜店、去游乐园就能忘掉不快,更积极地开始新的一天,但是尽兴归来心里只剩空虚。我们真的明白休息的含义吗?我们休息对了吗?

我们都知道休息是消除疲劳、恢复体力最有效的方法。合理的休息,是精力的源泉,是健康的保证。然而,有些人由于对休息理解得过于狭窄,总认为怡然自得、无所事事就是休息,所以往往寻求到的是一种消极休息,实质上是一种无效休息。

我们对休息明显的误解，使得我们不能合理地选择正确的休息方式。脑力劳动者，睡觉对你有没有用呢？比如你在文案上花了很多精力，当一切都结束了，你感觉很累。我们的常识使我们对疲劳的第一反应就是"躺床上休息一下吧"。但这是一个误区，睡眠的确是一种有效的休息方式，但它主要对睡眠不足、靠体力工作的人适用，对于这些人来说，如果十分疲劳，通过睡觉，可以把失去的能量补充回来。但如果你是办公室中的脑力劳动者，对于这种疲劳，睡眠起到的作用会很小，因为你需要的不是恢复体能，而是要借助一些事或物，让绷紧的神经松弛下来。

既然睡觉对我们起不到帮助，那怎么办呢？答案是改变活动的内容。大脑皮质中上百亿神经细胞，功能都是不同的，它们以不同的排列组合成为各不相同的功能区，这一区域活动，另一区域就休息。所以，通过改换活动内容，就能使大脑得到全面的有效休息。心理生理学家谢切诺夫做过一个实验。为了消除右手的疲劳，他采取了两种方式，一种是让两只手都静止休息，另一种是在右手静止的同时让左手适当活动，然后在疲劳测量器上对右手的握力进行测试。结果表明，在左手活动的情况下，右手的疲劳消除得更快。这证明变换活动内容确实是积极的休息方式。

如果说科学的休息方式是对待压力的良药的话，那么重燃生活的热情则是消除压力的根源，我们的疲惫主要来自对现有的一成不变的生活的厌倦。所以最好的休息方法就是让我们重新找到使生活和工作充满热情的事情。

成功之人，大多有一个特点：他们对工作之外的一些事物有强烈的兴趣，这些兴趣远离了他们平时的生活轨迹，并不需要过多耗费他们的心智与体力。这些人会选择某些消遣，是为了有效地休息，这些消遣能帮助放松身心，忘记工作中的纷扰。

为了身心健康，我们要学会休息，学会不断地调整自己，获得积极向上的心态，为我们的成功打下坚实的基础。

6. 善待欲望，让欲望成为你的奴隶

每个人都有自己的欲望，食欲、控制欲、支配欲等等，欲望越大，所承受的压力和痛苦也就越大。当我们无法控制住自己的欲望，就会成为欲望的奴隶，落入欲望的万丈深渊。

俄国著名作家托尔斯泰曾经讲过这样一个故事。一个地主家的奴隶非常想要得到一块属于自己的土地，他就把这个愿望告诉了地主。地主对他说："早上你从这里开始往外跑，在你跑的同时，在所经过的土地上插上旗杆。到了太阳落山的时候，你赶回来，插上旗杆的土地都属于你。"

听到地主的这些话以后,奴隶非常高兴。于是,他拼命地跑。当太阳快要下山的时候,他还不满足,依旧在跑。终于,他在最后一刻跑回来了,但此时的他已经筋疲力尽,摔了一个跟头,就再也没有爬起来。

地主找人把他的尸体埋了起来,并且请了牧师给他做祷告,在祷告的时候,牧师说:"一个人要多少地才行?其实也就这么大。"

生活中,赌徒靠着自己的一时运气,赢得了很多钱。但是,他依旧不满足,想要赢更多的钱。最终,输得倾家荡产,一无所有;贪官刚开始的时候,往往害怕被别人发现,贪的钱并不多。渐渐地欲望越来越大,最后,被查处时,后悔不已……

浮躁的社会中有着各种各样所谓的"好东西",扰乱着我们的心灵。我们总是幻想着得到尽可能多的好东西,但是事实上你要懂得,即使我们拥有整个世界,我们一天吃三顿饭就够了,一张床就可以满足我们睡觉的需求。生活中的"好东西",既可以成为我们为之奋斗的动力,又可能会成为我们幸福的绊脚石。

欲望太多反而会成为累赘,一些时候,我们要正确的对现实估价,而不是一味地去"买"那些离实际很远或有悖于道德的"好东西",这样我们的生活才会轻松快乐,幸福美满。拥有淡泊的心胸,更能让自己充实满足,合适的欲望让

第四章
减负前行,做心理压力的调节师

我们活得更有动力,而懂得适时知足,人生才能得到快乐。

不开车、不要名牌衣服、不运动、不喝酒、不旅行、对恋爱冷淡,如上述,这是书上对没有欲望的年轻人的概括,这一代人被称为是"达观世代"。可现实当中真的就不需要欲望了吗?

欲望是一种动力,失去欲望对于人类来说是不可想象的灾难,然而放任欲望无限扩大,又是令人恐惧的。当我们摸着石头过河的时候,我们充满着某种欲望,这使得你宁可冒着被激流吞噬的风险也愿意继续向前;当人类为有爱因斯坦的相对论而感到自豪时,原子弹、核辐射却在吞噬人类的幸福和生命。

人不可以失去欲望,但更加不能失去对欲望的控制,善待欲望,把欲望变成我们的奴隶。欲望是人生存于这个世上最基本的追求,人不可能没有欲望。

所以,我们既要有欲望,又不能让它过于强大。要把握好一定的尺度,不要被欲望控制了心智,成为欲望的奴隶,而是要掌控好欲望,使之成为我们的奴隶,促进我们积极向上,不断进步。

《我是谁》这部电影拍完以后,成龙深有感触。为了拍这部电影,他走过贫穷的非洲乡村,也走过繁华的大都市。他非常感慨,在非洲,人们非常容易满足,只要能有面包吃,填饱肚子就好,这样的一天就非常幸福和快乐。可是,生活在大都市的人，往往吃得好、睡得好，可就是不满足，特别烦恼，他们总是在追求自己根本不需要的东西。

我们每个人所处的环境不一样，而且个人的能力也不一样。当我们的欲望大到远远超出自身能力的范围后，将会失控。此时，我们要学会降低自己的欲望，这样我们所承受的压力就不至于太大，心态也会趋于平和。欲望的作用就是使人感到身心愉悦，无论欲望的高低，他们对每个人的作用都是一样的。把欲望降低到我们的能力范围之内，就会使我们的身心愉悦。

不要让自己成为欲望的奴隶，活在压力和焦虑之中。要学会掌控欲望，使之成为我们的奴隶，为我们服务，促进我们自身的成长。

7. 学会为了一棵树而放弃整个森林

生活中，我们几乎每时每刻都要进行选择，很多人因此有了"选择恐惧症"，特别是在面对多种选择时，总是犹豫不决，反而给自己带来了巨大的压力。"当断不断反受其乱"，纠结于选择之中，只会让自己压力更大，果断地做出一个选择，排除其他干扰，反而更加明智，逃脱了"选择"的苦海。

第四章
减负前行,做心理压力的调节师

佛祖遇见一个愁眉苦脸的富翁就问他:"你有钱、有势、有一个疼爱自己的妻子,你为什么还不快乐呢?"此人回答说:"正因为如此,我才不知道该如何取舍。"

佛祖笑道:"我给你讲一个故事吧。有一天,一个人就要因口渴而死,仙人可怜他,于是给他变出了一片大湖,但是这个人一点水也没喝。仙人好生奇怪,问之原因。他说:湖水太多,而我的肚子太小,既然一口气不能将它喝完,那么不如一口都不喝。"佛祖对那个不开心的人说:"你记住,你在一生中可能会遇到很多美好的东西,但只要用心好好把握住其中的一样就足够了。"

当我们的选择越多,便越不懂得舍弃。总觉得自己有足够的能力去选择更多,然后,抓着这个选择不放,抓着那个选择不放。最终,反而这个也没得到,那个也没得到。

选择越多,留给我们的退路也就越多。此时,大多数人心里会想:选择这个不行的话,还可以选择别的。结果选择了一个机会,不去珍惜,也不去努力,失败了,就又去选择另外一个机会,而另外的一个机会往往已经不存在了。

机遇在很多时候,都是转瞬即逝的,不会留给我们太多选择的时间。要把握好时机,抓住机遇。当我们不好好把握,而把时间浪费在选择上时,机遇也就消失不见了。

人们常说,最好的就是得不到的。然而现实有时并非这样,应该说得到的才是最好的。《伊索寓言》中有一则关于

没有自控力，你谈什么人生

狐狸与葡萄的故事。狐狸在吃不着葡萄的时候就说葡萄酸。于是，几千年来，那狐狸一直被人当做反面教材。其实，狐狸的做法也没有错，反正吃不着，为什么还要想着它是甜的？想得自己口水横流了，却还是吃不着，平白苦了自己。

人生有数不尽的十字路口，我们徘徊在这些十字路口的时候，应该明白：鱼与熊掌不可兼得，我们该如何取舍？放弃是一种智慧，生活的真谛便在这取舍之间。

华为公司很早就取得了成功，公司拥有丰厚的财力。在十年之前，房地产行业发展良好的时候，它完全可以投资房地产行业，进行炒房，获取相当大的收益。但是，华为并没有这么做。而中国上市公司500强中，绝大多数公司因为投资房地产而获得了大量资金。当房地产出现泡沫以后，很多公司选择了上市，以此来获得大量的融资。而华为面对这样的情况时，又选择了放弃，这就导致很多人不理解华为公司为什么要这样做。

在一次采访中，华为总裁任正非这样说："华为在相当长的一段时间都不会上市，也不会去投资房地产，因为这些手段会快速圈钱，让公司忘记初衷，变成一个只会赚钱的公司，而失去了搞科研的拼搏精神，公司就会死亡。"

正是因为任正非抵制住了众多选择的诱惑，只选择搞技术，才会有现在强大的科技实力，拥有了一股让全世界都惧怕的力量。

遵照自己的内心，坚定、迅速地做出一个选择，反而能够让我们的内心平静下来，不被其他诱惑所干扰。既然是选择，一定有对错和好坏之分。当我们做出了自己的选择，就不要去想选择的好坏与对错。如果从做出决定的那一刻起，就把注意力全部放在判断对错、好坏上面，压力就会变得非常之大，很难专心去做事情。这样，即使我们选择得再对、再好，也无济于事。

相反，做出自己的选择以后，就考虑对错、好坏，就能使自己的内心平静下来，专注于做事情，排除其他干扰。在我们不懈努力之下，也一定会有所成就。

人生谁能无忧，谁能无怨？选择，是量力而行的睿智和远见；放弃，是顾全大局的果断和胆识。当你站在人生的十字路口无法作出决定的时候，也许放弃是最好的选择。那么，在一次次的选择和放弃的过程中，什么才是最难舍弃的呢？要相信自己，学会"为一棵树而放弃整个森林"，选择了就应该相信你拥有的就是最好的。

8. 压力太大，只因索求太多

人之所以感到痛苦，很重要的一个原因就是永不知足，索求太多不属于自己的东西。因为自己的内心怎么样都填不满、放不下,所以我们才时常感觉活得太累。

有一个很穷的人,每天晚上都只能在一张长凳上睡觉。一天晚上,穷人自言自语地说:"如果哪天我发了财,决不会像那些可恶的富人一样做吝啬。"这时候,穷人身边出现了一个魔鬼,魔鬼说道:"我可以让你发财。"说完魔鬼从衣服里掏出了一个魔力钱袋,魔鬼说:"这钱袋里永远有一枚金币,是拿不完的。不过,你要记住,只有当你把钱袋扔掉时,才可以开始使用所得到的金币。所以当你觉得金币拿够了的时候,就把钱袋扔掉。"

说完,魔鬼就不见了,而穷人的身边真的出现了一个钱袋,里面装着一枚金币。穷人把那枚金币拿了出来,再伸手进去拿,里面又有一枚金币,于是,穷人不断地往外拿金币,整整一个晚上,穷人都在不停地往外拿金币。第二天金币已有一大堆了。他想:这些钱已经够用我一辈子了。

每次当他想把钱袋扔掉的时候,他就会觉得钱还不够多。一连五天,他不吃不喝拼命地拿钱,金币已经快堆满屋子了,但是,他仍然舍不得放弃那个钱袋。他虚弱地说:"我不能把钱袋扔掉,金币还在源源不断地涌出来啊!"最后,他终于因为又累又饿,死在了自己的长凳上,旁边堆着满屋子的金币。

人总是不知满足的,总想得到更多。没有一个人会嫌自己得到的少,总是尽可能用尽所有的方法,试图索取更多。而在贪得无厌思想的影响之下,人会变得自私,失去应有的理智。甚至会牺牲别人的利益，来满足自己的需求。在不断索求的过程中，人们迷失了自己的本性，忘记了自己的初衷。最终，成为了自己讨厌的那种人。

有一位商人，一天晚上，他一个人行走在寂静无人的山路上，突然，一个声音对他说："请你弯下腰来，捡起路边的几个石子，明天早晨你将因此而感到欢乐。"虽然商人并不相信石子会给他带来欢乐，但他还是弯下腰去，在路边捡起了几个石子，然后装进了衣服口袋，继续赶路。

第二天，太阳照到商人身上，商人想起了衣袋里的石子，于是就掏出来看。当商人掏出第一粒石子时，他一下愣住了，原来那不是石子，而是钻石！商人去掏第二颗、第三颗、第四颗……发现是红宝石、绿宝石、蓝宝石，商人高兴极了，这么多宝石可以卖多少钱啊！不过转念间，商人又沮丧起来，他后悔昨晚没有多捡几颗石子，多捡几颗就会得到更多的宝石！于是商人就这样懊恼了一路，之前的快乐也消失不见了。

9. 懂得为人生做减法

我们为了快速成功，每天都试图完成更多的事情，期望能够在有限的时间内，达成更多目标。这样往往使我们的压力变大，身心疲惫，生活处在水深火热之中，严重影响了我们的心情和生活。适当地放弃一些事情，为我们的人生做减法，往往能够取得意想不到的收获。

生活在农村的一个小孩，他家附近的邻居都是果农，并且大多数都是种植橘子。每年，果农们都会做一件事情，就是把果树的一些树枝给剪掉。这个小孩年纪还小，并不懂这是为什么，每次看到果农们剪枝，都非常心疼。

有一次，他又看到果农在剪枝，就好奇地问："叔叔，为什么要把树枝剪掉啊，如果不剪掉的话，秋天不是可以收获更多果实吗？"农民叔叔听到以后，哈哈大笑告诉他说："傻孩子，种植果树是需要进行管理的，管理就是给它们修剪枝叶，我们种树，是为了让它结更多果实。如果我们不修剪枝叶的话，大树提供的营养就被这些枝叶吸收了，这样提供给果实的能量就会不足，结出来的果实就会很小，而且也比较苦涩。牺牲掉这些枝叶，反而能收获更多果实。"

庄子在他的著作《逍遥游》中写道："鹪鹩巢于深林，不过一枝；偃鼠饮河，不过满腹。"这句话的意思是：鹪鹩在林子中筑巢，虽然林子特别大，但是它也只能在其中一枝上筑巢；鼹鼠到黄河边上饮水，即使是黄河水再多，也只能灌满它自己的肚子。

"贪多嚼不烂"，我们总是希望自己在一定时间里，能够多做一些事情，让自己获得更多利益或者知识，体现出自己

第四章
减负前行，做心理压力的调节师

的能力，让别人认可我们，从而能够获得更多成功的机会。

但结果却事与愿违，很多人在失败后，会沮丧、失落。在向朋友倾诉时，往往会说："为什么我做了这么多，这么努力，可还是什么都没有做好。别人平时也没有我做的事情多，也没我那么用功、努力，却取得了很好的成就。为什么这个世界对努力的人这么不公平呢？"

相信不少人应该听说过"二八定律"吧，二八定律说的是：在任何一组东西中，最重要的只占其中一小部分，约20%，其余80%尽管是多数，却是次要的。可现实生活中，我们却是花80%的时间，去做80%无用的事情。而用20%的时间去做20%重要的事情，刚好和二八定律相违背。所以，这也是为什么我们感觉自己非常努力，却得不到应有的回报的原因。

股神巴菲特在他的时间管理法则中写到，你要写下你认为对自己重要的25件事情，然后，从这25件事情中，再次挑选出5件更重要的事情。很多人问巴菲特，是不是剩下的事情，在往后的日子里面，慢慢去做？巴菲特回答说："此言差矣，剩下的20件事情全部砍掉，不再去做。"

巴菲特的时间管理策略就是在时间上做减法，把更多的时间用在更重要的事情上，而把可做可不做的事情，大刀阔斧地砍掉，一件都不去做。

刘和平曾经说："只有给人生做减法，去掉你不想要的，才能专心成就自己。"因为，我们每个人的时间都是有限的，浪费了哪怕一点，也无法挽回。只有把不重要的事情全部砍掉，才能保证自己有足够的时间和精力去做非常重要的事情。这样，我们拿自己最好的状态和充足的时间，去做为数不多的重要事情，那么成功的几率也将会翻倍。

被誉为"史上最佳击球手"的美国棒球明星泰德·威廉斯，他写过一本《打击的科学》，在这本书中，他将打击区域分为77个，这77个区域中的每一个只有一个棒球大小。经过他不断地研究和实际操作积累的经验，他认识到，只有当棒球滑进最理想的那个区域的时候，才能获得最大的打击率，概率大概在0.4以上。如果超出了那一片区域的话，打击率会降低到0.3甚至是0.2以下。

泰德非常聪明，他明白并不是只要球来了就打，提高击球的次数。而是要给自己做减法，放弃一些打击率很低的球，这是一种战略性的取舍，把握好击球率高的球，这样的球有很大的把握。这也是他成功的关键。

因此，我们没有必要只给生活做加法，不断地给自己增加事情，增加压力。而是要给自己做减法，把不重要的事情都剔除掉。明白自己最想要的是什么，就去做什么事情。与其蜻蜓点水式地什么事情都做一点，最后碌碌无为，变得平庸。不如大刀阔斧地给自己做减法，把重要的事情做好，彰显自己的价值。

第五章
意志力的本能：守得住欲望，抵得过诱惑

第五章
意志力的本能：守得住欲望，抵得过诱惑

1. 被欲望左右的人生一定很苦

人生路上，欲望是逃避不掉的东西。无论是物欲、食欲、钱欲、权欲、爱欲……足以挑动我们的神经，让我们或怒或狂，或悲或喜。

戴青上大学后，受身边的女生影响，开始向往起了所谓的豪华生活。她将父母所给的生活费一股脑地换成了高档的衣服及化妆品。为了赚取一点外快，她开始频频旷课打工，功课因此一落千丈。时间久了，这种充满奢侈品及旁人艳羡目光的生活让她上了瘾。

戴青在欲望中越陷越深，开始接触起了一些借贷平台。当蚂蚁花呗、借呗的额度满足不了她的时候，她将目光转向了某热门网贷。为了维持自己的豪华生活，戴青一口气贷出了好几万。一个月不到，这些钱便被她挥霍一空。

随着窟窿越来越大，她心中恐慌起来。在一些不怀好意的网友的介绍下，她生平第一次接触到了罪恶的"裸贷"……

老子有句说："祸莫大于不知足，咎莫大于欲得，故知足之足，常足矣。"大意是说最大的祸患是不知足，最大的罪过是贪得无厌，知足才能常乐。

我们身边购物成瘾的普通人有着很多相似之处：没有固定积蓄；纵使欠下一屁股"卡债"也控制不住购买的欲望；生活、工作、爱情屡屡陷入危机之中……

李安曾借由电影台词说过这样一句话："人的一生，其实是和自己的欲望相处的过程。必须承认，我们每天都在面对内心的欲望。"购物欲是普通人难以逃脱的樊笼，只因对于普通人而言，享乐很容易，而靠意志力控制住自己是最艰难的事情。

欲望来源于冲动。冲动是一种感情特别强烈，理性控制非常薄弱的心理现象。当冲动在我们的脑中形成以后，我们便会失去意志力，控制不住自己的欲望。我们都有这样的体会，逛街的时候，看到一件自己非常喜欢的衣服，就控制不住自己，冲动地买了下来，结果回到家就后悔了。这就是冲动带来的欲望。

欲望来源于攀比。在这个社会中，有一部分人喜欢攀比，总想什么都比别人好。比如看到同事买了一个包，自己就想买一个更好的；看到同事换了一个新手机，自己就想换一个更好的等等。在攀比心理的影响下，欲望也就越来

第五章
意志力的本能：守得住欲望，抵得过诱惑

越大。

欲望来源于虚荣心。爱慕虚荣是很多人都有的一个缺点，我们总希望别人能够羡慕自己，永远活在"聚光灯"之下。为了满足自己的虚荣心，欲望也就越变越大。

所谓"水满则溢，满弓易折"，对物欲的追求、对繁华世界的向往让我们有了前进的动力。但若欲望过满、过多，除了给我们带来情绪上的困扰外，更可怕的是，它还会蒙蔽我们的双眼，纠缠我们的思维，干扰我们的判断，直至我们做出错误的、足以后悔一生的选择。

渴望未来更好的生活，就得严格约束今日的种种行为，这才是正确的做法。从另一个方面来说，谁能断言豪华的生活一定是人生"必备品"？

古往今来，多少君子、伟人无论身处何地，始终能克制内心的欲念，直至从俭朴的日子里发掘出闪闪发光的真理；又有多少"屠龙少年"陷入欲望的苦海中迟迟无法挣脱，在权力物欲的诱导下一步步变成当初痛恨的"恶龙"？

生活并不一定要奢华，平淡才是真实。衣服再昂贵，能起到的直接作用无非是保暖和遮羞；房子装修得再豪华，缺少了人情只会让你感到冰冷无依。再多的纸醉金迷也抵不上落寞时候的一句问候和孤独日子里的一份依靠。

生活并不一定要奢华，过得精致而有质感便已足够。有时候，油腻、昂贵的美酒佳肴远远不如妈妈亲手所做的一碗

清汤面来得舒服、实在。

耿秋出生于一个普通家庭,虽然家世、学历一般,但她却是个不折不扣的美女。耿秋一直心高气傲,对她来说,只有豪华的生活才配得上自己的美貌。

对于婚姻她一直挑挑拣拣,终于在25岁那年遇到了真命天子——何洋。不久后,耿秋和家境殷实的何洋步入了婚姻殿堂。婚后,耿秋一直吵着要换房住。丈夫掏出不菲的存款,从市中心的三居室换到了郊区的别墅。从那时候起,耿秋一直过着极尽奢华的生活。

谁料36岁那年,何洋接连投资失败,掏空了家产。耿秋忍痛卖出别墅,带着孩子暂时住进了简陋的出租房中。人过中年的她好不容易才找到一份合适的工作,为了保住饭碗,她只得付出比年轻时候更多的时间与精力。辛辛苦苦撑了两三年后,她的生活逐渐好转。

朋友们钦佩她的勇气,她却淡淡道:"不经历这些,我哪里知道生活的真相如此简单?外在的粗衣淡饭便已足够,重要的是内在的充实满足,还有家人的爱与守候。"

如果生活没有给予耿秋一记响亮的耳光,她只能在无尽的惰性和欲望中化身为"蛀虫",成为孩子最大的负面榜样。而当她学会自律、独立的时候,她才终于明白,什么是有意义的生活方式,哪种人生路途更加精彩和丰富。

追求豪华的生活本没有错,但若不靠着超强的意志力、超人的耐性去攀爬、奋斗,就只能将时间白白浪费于幻想之中。而在奋斗的过程中,你慢慢就会明白,真正有意思的是奋斗本身的过程,而不是所谓的豪华生活。若将它视为人生唯一的目的,你会失去灵魂的厚度与质感,变得肤浅、苍白而又贫瘠。

2. 为什么人的权力欲望会不断膨胀

古人用"人心不足蛇吞象"来描述人们对于权力的追逐与渴望。每个人都渴望拥有自己的权力,罗素在其著作《权力论》中将其称为"人的本性"。

老虎、鹿、山猪和狐狸共同生活在一片森林里。有一天,一只绵羊闯入了狐狸的领地。狐狸匆忙召集大家开会,商量如何处置这只羊。等大家都聚齐后,老虎沉稳指挥道:"先将这只羊分成四份。"

狐狸点点头,开始分起绵羊肉来,山猪和鹿在一旁帮忙。老虎却站在一旁,神色不定,不知道在想些什么。

绵羊肉分好后,老虎指着一块最大的肉说:"这块肉应该归我。"狐狸有点不开心,可是碍于老虎的威严,还是勉强同意了。

老虎见无人反抗,眼珠滴溜溜乱转,指着另一块肉说:

"这块也应该属于我。你们有意见吗?"鹿和山猪对视了一眼,忍气吞声地摇了摇头。

老虎笑了,指着第三块肉说:"这块我也要了,你们合分剩下的一块肉应该够了吧?"

"为什么?"狐狸不忿,问道。老虎板起面孔说:"因为我是森林之王,我的权力最大。"狐狸、山猪、鹿不敢多说什么,只得同意了这个无理的决定。

"慢着。"老虎又轻蔑地笑了起来,道,"我改变主意了,这四块肉都应该属于我!"

老虎通过自己的能力,让森林中的动物都臣服于自己,获得了至高无上的权力。于是,在食物面前,老虎说什么别的动物都不敢质疑,即使有怨言,也只能忍气吞声。最终老虎的欲望越来越强,霸占了所有的食物。

不仅仅是自然界中的动物是这样,我们人类同样是如此。美国前总统林登·约翰逊曾说:"每个人都渴望权力,如果他说他不想,那么他在撒谎。"权力对于每个人都有着巨大的诱惑,并且这种诱惑让大多数人都无法拒绝。社会学家查·科尔顿说:"要想知道掌权的快乐,就去问它的追寻者;要想知道它的痛苦,就去问那些当权者。"没权的时候想有权,有权的时候就会肆意弄权。欲望的膨胀之路好比"泄洪",一旦开了个口,就会止不住地一泻千里,直至摧毁自己的精神世界。

第五章
意志力的本能：守得住欲望，抵得过诱惑

人们对待权力，基本上可分为四种态度：畏惧，好奇，崇拜，迷恋。为什么人们会对权力如此热爱与渴望？

首先，追逐权力是为了获得自我利益。一个人权力越大，对别人的影响力就越大，也就越能自如地控制周围环境。优先资源分配权，为他们谋求私利创造了便利条件。

现实生活中，一些人通过管辖权、管理权来为自己谋利的现象屡见不鲜。他们被愈发膨胀的权力欲望侵蚀了人格尊严，早已背离了最初的道路。

其次，想通过权力制约别人，让别人听从于自己。群居生活是人类社会的显著标志，在这个大群体中，每个人都希望受重视，甚至希望别人可以无条件地服从自己。

权力大小意味着地位的高低。当你对"高人一等"生起渴望的时候，你的权力欲望就此产生；当这种欲望在一定程度上得到了满足，此后必会无限制地扩大。

最后，有的人是想通过追逐权力来实现创建"理想国"的梦想。一些人生来志向远大，当他们在追求权力的时候，实际上是在追求自己的"乌托邦"，追求更大的责任承担。

他们深知，权力会赋予他们实现梦想的能力，这时候，权力便成为了他们唯一的选择。然而，权力足以成就一个人，也足以毁掉一个人。不是任何人都有自如驾驭权力的能力。

当你将权力视为工具的时候，小心它会膨胀、反噬掉你

的灵魂与梦想。很多人抱着改变世界的梦想出发，却在追逐权力的过程中渐渐被世界改变，变得面目全非。《红楼梦》中的贾雨村就是典型案例。

贾雨村生得腰圆背厚，剑眉星目。寄居葫芦庙时的他志向远大，一直渴望着能够科举中榜，顺利实现政治抱负。却无奈囊中羞涩，只得靠卖文字为生。住在隔壁的甄士隐钦佩贾雨村的抱负，解囊相助，贾雨村这才有了上京的盘缠。

后来，贾雨村考中进士，成功当上了知府。掌握了真正的权力后，他的内心悄悄发生了变化。为了能平步青云，贾雨村一改文人的清高品性，一面贪赃徇私，一面巴结权贵人士，做下无数丑恶事端。东窗事发后，他不得不脱去一身官服，为自己的罪行付出了代价……

因权力贪欲不断膨胀，贾雨村从一个不拘小节的豪爽文人蜕变为虚伪势利的小人，叫人喟叹不已。佛说，不知足的欲望都是坏的欲望。不受制约的权力欲望会将个人的精神品质吞噬殆尽，对整个社会而言，它能造成更大的伤害与灾难。

权力对每个人都是极具诱惑力的，我们要提高自己的意志力，把握好一定的度，利用权力给更多的人带来好处。

3. 当出轨成癖，该如何处理

我们生活在一个网络发达的时代，交流变得越来越方便，同时，诱惑也变得越来越多。一些人抵制不了这样那样的诱惑，欲望变得越来越大，当我们的意志力无法控制自己的欲望时，便会产生出轨这种行为。

靳伟已经结婚7年了，刚结婚的那两年，夫妻恩爱，几个小时不见彼此就会想念。工作不忙的时候，两个人就会在微信上面视频聊天。

随着时间不断地流逝，微信聊天渐渐变少了。下班以后，两个人都比较累，吃过饭后，就都躺被窝睡觉了，很少交流。周末有时间了，也都是待在家里面，各自玩手机，或者做自己的事情。有了孩子以后，他们的生活开始变了。因为对照顾孩子的意见不一致，他们两个经常吵架。有时，吵得凶的话，还会摔东西。他们之间的关系变得越来越坏，有时，好几天都不说话。

家庭不睦的靳伟，把所有的精力都放到了工作上，把工作做得很好，得到了老板的赏识，提拔他为公司的财务主管。之后，公司财务部门老员工离职，新来了一位女下属。这位女下属长得清秀漂亮、性格开朗活泼、对人比较体贴，做起工作来也很认真。

不久,这位女同事就引起了靳伟的注意,她工作遇到什么问题,都会向靳伟请教,靳伟也会竭尽所能帮助她。而靳伟常常因为家庭的原因,心情非常失落,了解到情况后,女同事就安慰他,并且经常陪着靳伟一起加班。很快,靳伟就出轨了。

在婚姻中,大多数人会遇到这样的问题:激情过后,这段关系将逐渐归于"柴米油盐酱醋茶"的平淡境地。太过于平淡,双方便会对对方失去激情和欲望。长时间处于这种状态,非常容易引起矛盾。当矛盾来临,争吵变得越来越频繁,关系也就会迅速恶化,忘记了曾经的美好和感情。同时,也会忘记夫妻间应该承担的责任。

当"旧人"变得不再体贴,满足不了他们对于感情的欲望时,就会忘记责任,控制不住自己内心的强烈欲望,此时,出轨就在所难免。

意志力不够强的人总是一边抱怨生活的无趣,一边幻想着新的激情。他们难以坚持立场,轻易便陷入新的"情网"中。

而当人们从出轨行为中一再获得强烈的愉悦感,达到条件反射的程度后,他的心里慢慢就形成了某种情结和习惯。这就是出轨成癖的原因。

根据调查显示,八成以上的中国夫妻,情感关系走至终

第五章
意志力的本能：守得住欲望，抵得过诱惑

点的原因在于第三者的介入。六成以上的人曾遭遇过不同程度的身体出轨或精神出轨。很多人相信爱情是神圣的，是不能被玷污的。他们往往不能忍受自己的爱人出轨，当他们发现爱人出轨成癖，会盲目地指责，把责任都归罪于出轨的一方。感情是两个人的事情，当发生了出轨的事情，双方都应该冷静下来思考一下自己。

漫长的旅途中，余韵遇到了一对中年夫妇，并与他们聊得十分投缘。让她感慨尤深的是，对面的丈夫始终握着身旁妻子的手，眼神饱含深情。

一路上，丈夫对妻子体贴有加，照顾得无微不至，让余韵十分感动。从他们的话语中，她逐渐拼凑起了两人的感情经历。

原来男人是一家公司的老总，纵使事业繁忙，他每年都会抽出时间带着妻子去旅行。妻子不喜欢搭乘飞机，他便带着她坐火车、坐轮船，游遍了山山水水。

男人风度翩翩，气度非凡，旅途中不时有年轻女子趁他妻子不注意的时候向他搭讪示好，他却一律拒绝。此时，他对余韵解释道："感情中最重要的是忠诚，这是男人的担当。"

人是感情动物，与异性走得太近，不知什么时候就会滋生一些不必要的感情，再加上平淡的生活使夫妻双方都对彼此失去了热情，矛盾又让双方感觉到彼此之间没有了体贴。在这种情况之下，夫妻间的感情一定会出问题，而双方不去试图解决，放任问题长时间的存在，再好的感情也经不起这样的消耗。最终，当双方的感情都消耗殆尽，没有感情的维系，自然就会选择出轨。

大量的数据证实，出轨后后悔的人占据大多数。有很多出轨的人，往往是由于家庭不和睦，一时丧失意志力而导致的。夫妻双方如果能互相包容，互相体贴照顾，增加对彼此的吸引力，不时地给予对方一些惊喜，让生活不至于那么平淡。生活在一个充满爱的感情世界里，抵抗诱惑的意志力就会很高，出轨也将很难发生。

当然，有一些人出轨成癖，并且毫无责任心，即使你做得再好，也不能满足他的欲望。那么与其辛苦地维持婚姻，不如选择及时止损，一刀两断，互不相欠。

好的婚姻是幸福的港湾，让爱随时都能停靠。我们要守护好自己的婚姻，多交流、多奉献、多体贴、多照顾，更要互相尊重和承担责任，以此来提高双方抵制诱惑的意志力，避免出轨成癖。

4. 为什么暧昧让人欲罢不能

有这样一群男女，日常生活中互相关心、爱护、无话不说，可以一起牵手逛大街，可以一起出入情侣餐厅，一起享

第五章
意志力的本能：守得住欲望，抵得过诱惑

受美食，一起看电影，一起在 KTV 中声嘶力竭地唱歌，还可以互相倾吐心声，说出各自心中的秘密。这种说不清，道不明的关系，高于朋友，但却远不足以达到爱情的程度。

而很多人，分不清暧昧跟爱情，总把暧昧错当爱情。往往控制不住自己，使自己深陷其中，不能自拔。

恋爱经验为零的林语上大一的时候对同班男生王智有了好感。那段时间，只要对方对她微笑一下，她的心情就会莫名好起来。

王智对她也很亲密，总是主动找她聊天，有时候早上还会帮她带早饭。每逢周末，他们经常相约去图书馆一起看书，一起逛街。每当林语想起这些细节，心里就会涌起一股甜蜜。

王智生日那一天，林语用省下的生活费给他买了一个小礼物。那天傍晚，她等候在男生宿舍楼底下，远远地看见一个熟悉的身影。林语定睛一看，发现是王智，他身边紧紧挨着一个女孩，两人脸上荡漾着甜蜜的微笑。

林语的泪水夺眶而出，她拉住王智质问道："你到底把我当什么？"王智却诧异道："我一直把你当妹妹啊！"林语冷笑，指着王智身边的女孩道："那她呢，你也把她当妹妹吗？"

现实生活中，有太多的人，拿着"我一直把你当妹妹"或者"把你当朋友"的挡箭牌，和一个人甚至多个人搞着暧

昧关系，他们能够分清暧昧和爱情的区别，而对方却不一定能够分清，往往会深陷其中。

而深陷暧昧中的人，之所以深陷其中，是因为暧昧满足了他们所有的欲望。首先，暧昧满足了被保护欲。处于暧昧关系中的两个人，都渴望保护对方，并用实际行动去保护彼此。其次，暧昧满足了倾诉欲。两个人暧昧之时，当一方遇到任何挫折、困难，都会会向对方倾诉，而对方也会默默关心和安慰。最后，暧昧满足了恋爱欲。暧昧虽然不能称为爱情，但平时的表现往往是恋人的表现，这就让暧昧的双方感觉似乎处在恋爱中。

通常存在暧昧关系会有以下表现：对方会不定时地找你聊天，有空的时候会约你出去玩耍、逛街，过生日的时候会送你礼物或鲜花。他们与你嬉闹玩笑，总是语气亲昵，却态度模糊。每当你想要将彼此间的关系挑明的时候，他们要不巧妙地转移话题，要不装无辜。一般来说，沉迷于暧昧关系中无法自拔的人通常不愿意担负责任。

自控力差的人，往往不能压制住自己内心强烈的渴望。当有人对你表达出暧昧时，会立即做出相同回应。这是由于在长时间的相处过程中，男女之间会形成一种非常微妙的情谊，特别是性格比较相近，或者性格互补的人之间。人是感情的动物，不可能永远冷冰冰地对待别人的关心和爱护。

长期一个人会形成孤独感，这种孤独感往往会产生迫切

第五章
意志力的本能：守得住欲望，抵得过诱惑

地想要得到别人的注意、交流和关怀的欲望。生活中大多数人喜欢生活在被宠爱、关怀的环境中，没有人喜欢被别人冷漠无视。同性之间，往往会存在着诸多例如竞争、嫉妒、攀比等等干扰交流的因素，而异性之间这种因素则会减少很多，大多数男性都有强烈的保护欲，想要保护女性。因此，异性之间更容易产生暧昧。

当我们陷入暧昧之中时，也无形中给了对方伤害你的机会，陷入得越深，伤害也就越重。我们要控制自己的欲望，认清暧昧，暧昧不是爱情，是不能够长久的。总有一天我们要走出暧昧，越早走出伤害也就越小。

有一次，办公室的刘大姐给于然介绍了个小伙子，名为夏杰，于然本想拒绝，又怕辜负刘大姐的一片好心，只好勉强加了小伙子的微信。

午休期间，夏杰主动发微信给于然，于染便和对方聊了几句。聊着聊着，于然感觉这个男孩并不是自己喜欢的类型，便委婉地表明了意图。夏杰有点失落，但仍向于然发出了做朋友的请求。

于然勉强同意，从那以后，夏杰每天都会寻找话题跟于然聊天，不断地嘘寒问暖，语气也越来越亲昵。有一天，他甚至来到了于然的公司，以朋友的名义接她下班。

面对同事们促狭的玩笑，于然觉得很不舒服。她趁着这个机会，当面对夏杰道："我们就算是朋友，彼此间也并不

熟悉,还是保持距离比较好。"

回家后,于然果断删掉了夏杰的微信。

你要相信,真正喜欢你的人根本不会跟你搞暧昧。如果对方只是享受这种剪不断理还乱的感觉,那么,他给予你的温暖是廉价的。

拒绝暧昧,应从自己做起。一堵没有"弱点"的墙永远也透不进来风。只要你自己自控力足够强,意志力足够坚定,对方就不会有可乘之机。

首先,一旦你意识到了对方的意图,就要第一时间表明自己的态度。严肃地告诉对方,你不需要这种暧昧关系来为自己的人生"增添光彩",你渴望的是一份单纯坦荡的感情。

如果对方不听劝告,一再纠缠,你要坚决切断联系,断了他所有的念想。如果对方在生活里扮演着"低头不见抬头见"的角色,在日常交往中,你大可表现出你对这种暧昧行为的反感和厌恶,让对方知难而退。

或者直接无视对方的存在。当对方的暧昧举动收不到回馈的时候,久而久之,他们自己也会觉得无聊,因此放弃对你的骚扰。

其次,摆正心态,树立自己的"威严",尤其是女孩。生活中我们总能遇到一些"特殊"的女生,尽管她们长相漂亮、气质高雅,男人们却从不会对她们产生任何非分之想。

原因在于这样的女生向来懂得自尊自爱,她们从不做轻浮之举，习惯保持一个理性、高冷的形象，不会将真实的自己袒露于不怀好意的异性面前。

拒绝暧昧，分清暧昧跟爱情的区别，从中走出来，就能在情感上增强自控力，这样在面对真正的爱情时，才能够坚持到底，绝不放弃，才能获得完美的爱情，幸福一生。

5. 跳槽，冷静面对高薪诱惑

"我们公司给您开10000元每个月，您可以考虑一下，我们给您三天的考虑时间，期望您的答复。"当我们接到猎头的电话，面对高薪的诱惑，自控力差的人，一定会选择辞职，然后跳槽到另外一家公司。

美娜是重点大学的本科毕业生。一毕业，她就和周围的大学生一样加入了找工作的浪潮之中。她的第一份工作选择了保险销售。刚工作的时候，美娜觉得跑业绩很难，不过，很快她就摸出了门道，也积累了一些资源，并且逐渐在工作中得心应手。可时间一长，她又觉得熟悉了的工作没有挑战性，而且和同时期毕业的同学相比，薪水也少了一截，于是在她心里，"跳槽"两个字越来越清晰。

恰巧在这个时候，经过一个朋友的介绍，美娜认识了某房地产公司的老板。正巧他新开发的楼盘需要销售人员，因为同是销售行业，所以交谈的时候，那个老板对美娜在业务方面的心得很感兴趣，连连追问美娜目前的业务规模，美娜也大致说了一下自己目前的情况。

　　饭局结束后，朋友告诉她，那位老板对她很赏识，问美娜愿不愿意转投到他那里去，朋友暗示美娜现在楼市销售的薪资都不低，美娜心里一阵激动。没过多久就办理了离职手续，去了那家房地产公司上班。

　　在之后的一段时间里，美娜在工作中处处留心细节。她慢慢发现，销售楼房的利润是很大，可是销售难度也很大，在数量方面根本就上不去，要达到公司要求的指标实在是一件困难的事情。公司的工作人员在吃饭或者闲聊的时候几乎都在相互抱怨，照这样下去，完不成指标，公司承诺的提成也成了镜花水月，美娜顿时感觉很委屈，好像被人骗了一样。

　　没多久，美娜便找了个借口离开了那家公司，这次所谓的"高薪"诚聘也就画上了句号。失去工作的美娜不得已，又得找另外一份工作从头做起，而此时她的大学室友小琳已经成为了一家私企的中层领导，前途一片大好。对比现在的自己，美娜十分难过。

　　有些年轻人缺乏吃苦的精神，不肯静下心来好好工作。这些人整天不是抱怨自己的工作太枯燥，就是埋怨老板给的工资太低，总是想找一个既轻松又能赚大钱的工作，结果换

第五章
意志力的本能：守得住欲望，抵得过诱惑

来换去，碌碌无为。

这是因为现在大多数年轻人的自控力非常差，受不了高薪的诱惑，期望获得高薪后，能够轻松地享受生活，不用再辛苦的工作。正是受这种思想的影响，使他们不顾长期的发展，只求短期的利益。谁给的工资高，就跟着谁干，无论工作的内容是什么，对自己以后的发展有没有用，都会义无反顾地选择跳槽。

当他们从一个公司跳槽到另外一个公司以后，拿到了相对较高的工资，在一段时间内，会非常知足。但一段时间以后，如果公司不给涨工资，他们对于金钱的欲望会再次失控，跳槽的想法又会在脑中形成，并付诸实施，这就形成了频繁跳槽。

那些频繁跳槽的人，为了得到高薪，而忽略了对自己的投资。当自己的能力一直得不到提高，也就很难再适应社会了，自然也就会失去高薪的工作。比如程序员，如果你只是为了得到高工资而频繁跳槽，不去学习新的技术，提高自己的水平。当你到了30岁以后，就很难再有公司要你。

无论你是多么优秀的人才，如果不经历世事的磨砺，然后不断积累、进步，就很难有所成就。我们可以看到，大多数成就非凡的人，他们都经历过长期奋斗。马云30岁开始创业，到了40多岁才成功；任正非44岁创业，经过十几年的发展，才走向成功。

柴静刚进央视做主持时，既没有过硬的名校学历背景，也不是新闻本专业出身，一开始可谓相当的痛苦。但是她放低姿态，不问薪资，不急不躁甘愿从最底层做起。她曾在《看见》这本书中写道："从蹲马步开始学起基本功，流汗流血、风吹日晒，并且还采用最笨拙的办法，像蚂蚁一点一点地搬运食物一样，竭尽全力地去学习。"

随后，她长期坚持自己做策划，观摩同行的节目，上机编节目，熬夜到凌晨三四点是常有的事。尽管新闻之路布满了艰辛，但是她专注于做一棵属于她自己的竹子，在恶劣的环境中默默生长，十年持之以恒，她才成长为了我们今天看到的样子，拥有了属于她梦寐以求的成就。

毛竹的生长期很长，它们需要 6 年的时间才能长高很多。但前 5 年的时间，每年只长几厘米的长度，到了第 6 年的雨季，它们就会以每天 1.8 米的速度迅速生长，差不多 15 天的时间就能长到 27 米高。

厚积薄发，积累到了一定的程度，就能获得成果。任何努力都不会白费的，有可能短时间看不到成果，甚至还会带来痛苦，但坚持住，把艰难的那段时间熬过去，就会苦尽甘来。

坚持做你喜欢的事情，不要急于取得成功，每天只要坚持有一点点进步就可以了。我们每个人都拥有让自己变得更好的潜力。无论何时，感觉自己过得很辛苦的时候，就请放慢脚步，慢慢来，但不要放弃，坚持一下，你要相信，你所吃的苦会转化为力量，帮助你走向成功。

当我们面临高薪的诱惑时，要控制住自己的欲望，用意志力让自己保持头脑清醒，并坚持把自己的事情做好，相信坚持就能获得巨大的收获。

6. 沉迷于网络游戏怎么办

生活中，自控力差的人，在面对网络游戏的诱惑时，往往会抵制不住，深陷其中。

刚毕业的时候，阿斌还是一个公司新人，因为家庭条件不是太好，因此他必须努力工作，除了想让家里有一个好的生活环境，也希望自己能有一个好的成就和未来。

有一天同事聚在一起聊天，聊到了网络游戏，那是个阿斌所不熟悉的世界，同事们都讶异他竟然没有接触过网络游戏，因此，下了班以后，同事便带他去网吧玩起了网络游戏。几个小时的体验之后，阿斌深深地被网络游戏所吸引，在这个虚拟的世界里，阿斌不仅可以交新朋友，还可以跟一群朋友去厮杀、去冒险。打那之后，阿斌就开始了网游的生活，每天下了班回到家所做的事情就是打开电脑，跟着游戏里的朋友一起去打怪，但是渐渐地，他发现下班之后打游戏的时间有限，如果玩得晚一点，隔天上班又没精神，于是阿斌毅然决然地辞了工作，专心在家玩起了游戏。

由于阿斌的辞职，家里的收支不能平衡，因此阿斌上了年纪的母亲不得已只能出去工作，母亲经常询问阿斌何时才去上班，面对这个问题，阿斌总是不耐烦地回答："等我成为这个服务器的老大。"

时间转眼过去，就这样过了两年，阿斌游戏里的角色成为了一个每天在线人数超过600的行会会长，身上的装备也非常豪华，阿斌每天享受着行会里"小弟"的恭维，但是此时却发生了一件让阿斌从来没想过的事情——他的母亲离开了这个世界。为了补贴家里的开支，阿斌的母亲甚至带病去拼命工作，积劳成疾得了肝癌，但是阿斌却深陷网络世界中，根本没有觉察到母亲身体上的变化，等到阿斌知道时，他只收到了一张医院发来的死亡通知单。

得知消息的当晚，阿斌像一个游魂似的在街上乱撞，最终他来到一处浅滩，听着断断续续的海浪声，阿斌开始回想起过去的一切。这两年，他沉迷于网络世界，对于母亲的病，他竟浑然不知。阿斌后悔地掩面哭泣，然而一切终究无法再回到从前。

网络游戏被称为"网络毒品"，一旦沾染上，如果没有强大的自控力，是很难摆脱掉的。这是因为游戏制作团队在制作游戏的时候，在游戏中加入了奖励机制。比如杀死一个

第五章
意志力的本能：守得住欲望，抵得过诱惑

小兵给多少金币奖励；杀死一名英雄给多少金币奖励或者获得装备奖励等等。

人都有贪得无厌的本性，都渴望获得更多的奖励，这就是欲望。在欲望的驱使之下，就会深陷网络游戏的世界之中。

网络游戏是脱离现实的另外一个虚拟世界，在这个世界中，几乎什么事情都可以做，人们不必有任何现实中的顾虑。很多人会在游戏世界中，成为富翁；也会成为第一，成为强者，受万人崇拜；甚至可以使用枪支肆意地屠杀等等。大多数人在现实生活中体会不到的事情，却可以在网络游戏中体会到，意志力不强的人自然很难抵制这种诱惑。

现在很多网络游戏都是团队游戏，大家一起组队来玩，增加了交流功能。人们可以组建一个团队，在一个游戏中玩。如果你因为技术不行，拖累整个团队时，你当然会不甘心，想要拼命练好技术，成为团队的精英。在这种欲望的驱使之下，我们将会花更多的时间在网络游戏中。

在这些欲望的驱使之下，有些人很难抵抗住网络游戏的诱惑。但结果也是我们能够真切体会到的，沉迷于网络游戏，长时间对着电脑，我们的皮肤会出现严重的油腻，脸上会出痘痘。长时间不休息，会伤害我们的身体，使我们白天没有精力去工作，工作中错误百出。

网络游戏大多需要充值，会浪费我们很多金钱，让我们的生活变得越来越穷困，甚至诱发犯罪，对社会造成恶劣影响。所以，网络游戏既伤害我们自己的身心，同时，也很容易伤害到别人。

我们要抵抗住网络游戏的诱惑，使用一些简单、实用的方法来帮助我们提高自控力，比如定时关机。当我们深陷网络游戏中，想要一下子摆脱掉几乎是不可能的。这就需要我们一步一步缩减玩网络游戏的时间，通过不断地给我们的电脑定时关机，慢慢地，玩网络游戏的欲望就会减少，直到消失。

我们要明白网络游戏世界再丰富多彩，也不过是一个虚拟的世界，我们终究要回到现实世界，那么我们就没有必要流连其中，要及时脱离。把时间和精力用在我们的生活和工作中，给社会和我们的家庭创造出更多的价值。

7. 关灯刷手机？ 戒了吧

不知从什么时候开始，智能手机时代已悄然来临。生活中，人们似乎已经完全离不开手机。吃饭时，拿出手机，拍下食物，发个微博；看演唱会时，掏出手机，录个视频；朋友聚会时，一桌人，几乎人人都在低头玩手机——看视频的，玩游戏的，发微信的……就这样，手机慢慢占据了你大部分的生活。吃饭、睡觉、玩手机，是时下很多年轻人生活

第五章
意志力的本能：守得住欲望，抵得过诱惑

的写照。

在这个每天被各种信息轰炸的互联网时代，越来越多的人沦为了"机不离手"的手机控，睡前躺在床上不停地刷微博、看视频、玩游戏……

宋学济是一家公司的信息录入员，负责公司数据的录入。上班的时候，公司有大量的数据需要他录入，所以一整天都非常繁忙，几乎没有什么时间休息。

终于，上完班回到了家里。吃过晚饭后，他就躺到床上，开始玩手机，先看一遍朋友圈，对朋友发的动态进行评论，然后，开始刷微博、看新闻。最后，他开始追剧，每天看到十一点半，准时上床睡觉。

一天，他中午吃饭时，看到同事们围在一起哈哈大笑，他非常好奇，就走过去看，原来他们在看几个短视频。晚上下班回到家里，他非常好奇，就下载了一个短视频 app 开始玩。这一玩，瞬间就迷上了，他一直看到凌晨两三点钟，实在太困了才去睡。第二天上班后，他实在太困了，但是又不得不坚持录入数据，结果出现了大量错误，领导非常生气，就把他叫到办公室批评了一顿。

回到家后，他痛定思痛，发誓从今天开始，玩手机不超过十点半。结果，他看着短视频，不知不觉时间就又到凌晨一点多了，第二天又因为睡眠不足导致录入数据出错。他长时间的出错，领导实在受不了了，就把他解雇了。

没有自控力,你谈什么人生

生活中,上班一族,一整天都在忙。白天忙工作,晚上忙着玩手机。这似乎成了现代人的共识,变得越来越正常。

很多人也非常郁闷,无论白天发多大的毒誓,下多大的决心,到了晚上都无法逃脱手机的控制。这是因为当我们白天忙碌了一整天以后,身心俱疲,到了晚上,我们渴望得到一些安慰和寄托,迫切地需要放松身心。此时,我们的抵抗力就会迅速被瓦解,白天形成的心理防线也就崩溃了。

随着大数据技术的兴起,软件开始运用大数据运算方法,来对软件进行优化,以此来满足用户的需求,这一技术在短视频上运用得非常成功。当我们在刷短视频的时候,我们会观看感兴趣的内容,此时大数据就会统计数据,然后,进行大数据搜索。最后,为我们推荐更多感兴趣的的视频,这样我们看到的内容几乎都是有兴趣的,当然抵挡不住诱惑,一个接一个地停不下来。

当我们不断地玩着手机,同时也变得越来越孤独和寂寞。在孤独感、寂寞感逐渐加剧以后,我们就会更加睡不着,渴望有所寄托。当我们看到一些能够温暖内心的视频时,就会更加难以抵抗,然后会不停地看下去,去寻找感情的共鸣。

还有很多人喜欢追剧,看电视剧的时候,迫切地想知道接下来会发生什么,这种迫切希望知道剧情的欲望,会促使人不断地看下去。

第五章
意志力的本能：守得住欲望，抵得过诱惑

受到这么多的诱惑，如果我们的自控力差，就没有足够的能量去抵制。最终，我们只能选择放弃，任由自己每天晚上不停地刷手机，直到把自己的精力耗费殆尽，不知不觉，我们就被手机伤害了。

常州有一位张先生，他的工作需要长时间使用电脑，因此眼睛长时间对着电脑屏幕，休息的时候，他也喜欢拿着手机看小说、玩游戏。几天前，张先生在宿舍玩手机，已经是深夜了，为了不影响其他同事，就把灯关了，玩到后半夜才睡觉。

可是，还没睡一会，就被疼痛折磨醒了，眼睛就像被针扎了一样。没办法已经是深夜了，他就熬到了天亮，早上立刻去了医院。

医生告诉他，他的眼角膜上皮点状脱落，这是由于他长时间看手机，经常不眨眼，眼泪挥发得快，眼角膜上皮缺乏眼泪保护，加上手机屏幕背光刺激，才造成了这种情况。医生还告诉他，晚上关灯看手机，容易导致青光眼、白内障，还能诱发眼癌。

为了我们的身心健康，下班后，玩手机的时间要适度，要保证充足的睡眠时间。现在很多手机上面都有定时屏幕锁定功能，只要定一个时间，时间到了，屏幕自动锁定，这样就没有办法再玩手机了。利用这个简单的方法，就能逐渐减少我们晚上玩手机的时间，提高我们的自控力。

8. 大声对赌博说"不"

现实生活中，有一部分人幻想一夜暴富，成为人上人。可他们又没有赚钱的本事，于是，赌博就变成了一个所谓的成功捷径。无论是普通人还是成功人士，一接触赌博，就很难抵制住诱惑，最终导致无法承受的后果。

国家对于赌博查处得非常严，也因此大量减少了人们接触到赌博的几率。但是互联网的普及，以及网络技术的发展，导致各种各样的赌博形式层出不穷，人们接触到赌博的机会也显著增加，致使很多人陷入赌博中。

2018年3月，曾获得2015年世锦赛男子单跳冠军的杨松因合同诈骗罪，被法院判处十年四个月有期徒刑。杨松之所以走到这个地步，其罪魁祸首就是网络赌博。

1989出生的杨松被福建省体操技巧中心引进，通过自己的努力，他在2009年和2013年两届全运会上，获得了男团冠军。2009年的世锦赛上，他帮助中国男团队获得了金牌，并且在2014年和2015年蝉联了蹦床世锦赛男子单跳个人金牌，成为了一位拥有三个世界冠军头衔的人。

随后，杨松在福州市安家落户，由于他是特殊人才，享受特殊待遇，因此，他以政策优惠价格购买了一套商品房。

第五章
意志力的本能：守得住欲望，抵得过诱惑

2016年杨松开始沉迷于网络赌博，常常输钱，所以欠下了巨额债务。他没有能力偿还这些债务，只能选择卖房子。在2017年4月份的时候，他找到了买家，以160万元的价格卖出。但是，因为这套房当初是限购房，按照合同规定，2019年10月1号才能正式交易。最后，双方私下签订了协议。

他在拿到了80万元的卖家首付款以后，想要把自己输的钱捞回来，结果又一次把所有的钱都输光了，并且欠下了更多的债务。没办法的他，只能向家人和领导坦白，但他却隐瞒了已经将房产出售这一情况。在领导的帮助下，他找到了房子的另一个买家。他找了一个理由，把房产证从第一个买主那里骗了回来，并换了锁。最终，他以173万元的价格把房子卖给了另外一个人，获得了113万首付，但他依旧拿着这些钱赌博，没多久，事情败露，他被抓获了。

根据刑法规定，犯合同诈骗罪，数额达到特别巨大的标准的，最低可以判十年以上有期徒刑，最高刑则是无期徒刑。杨松因为赌博输钱，买房抵债，第一次并不构成诈骗，而第二次，则构成了诈骗，并达到了数额特别巨大的标准，被判刑十年。

从受人尊敬的世界冠军，到成为一个诈骗犯锒铛入狱。可以说杨松从辉煌走向耻辱的"幕后黑手"赌博是第一推动者。现实中，因为赌博而妻离子散、家破人亡的例子数不胜数。很多人明明知道赌博的危害和后果，甚至前期因为赌博输掉大量的钱,已经深有体会,但还是选择继续赌博,直到无力再赌为止。

赌博对人有着巨大的诱惑,自控力不强的人,抵制不了自己的欲望和贪念。当我们赌博时,我们可能一下子赢了很多钱,在金钱的诱惑之下,便想要赢更多的钱,结果就深陷其中。我们深陷赌博后,一定会输,输了大量的钱以后,自己又不甘心,想要把输掉的钱赢回来,结果输了再赌,赌了再输,陷入无限循环中。

赌博对人的诱惑,还体现在赚钱的快感上。只要短短的十几分钟,甚至是几分钟,就能赢几千万,在赢得这些钱以后,心中的成就感是难以形容的。正是由于赌徒体会过这样的快感,才难以拒绝诱惑,即使别人再怎么劝说,都无济于事。

中国第一反赌马洪刚曾说:"没有人能靠赌博发财。赢来的钱都不当钱花,来得快去得快,赢得容易,输得更加容易。"在赌场上,你以为自己的赌技很好,但是还有比你更好的。盲目地相信自己的赌技是非常不明智的,它会将你带入黑暗之中。赌博真正赚钱的只有庄家,参与赌博的其他人几乎没有赚钱的。即使是被称为非常公平的网络赌博,也是充满了内部交易和技巧,一般人是没有办法赢的,只能输掉大量的金钱。

一位先哲说过,人生的道路上有很多开关,轻轻一按,便把人带进黑暗或光明两种境界。所以我们要把握好人生的开关，在利益面前要经得住诱惑，不要企图不劳而获。

投机取巧终究不是良策，要知道一分耕耘，才能有一分收获，想要收获果实，就要先播种。我们只有脚踏实地地付出努力，才能改变命运，才能过上幸福美满的生活。偶然的一次成功往往只是一种运气或者一种陷阱，要想获得长期利益，就必须切除心中"不劳而获、投机取巧"的毒瘤，让自己一步一个脚印，踏踏实实走向成功的道路。

提高自己的自控力，大声对赌博说"不"，坚持实干，坚持不懈，才能走向光明的未来。

9. 请放弃你的无效社交

今天晚上参加朋友婚礼；明天晚上跟朋友喝酒；后天晚上同事一起聊天……我们每个人都离不开社交，每天都要跟别人打交道。为了工作、为了生活，我们必须活在社交中。面对社交，有的人游刃有余，而有的人却感到很累，觉得应付不过来。

之所以会出现截然不同的两种结果，其根本原因在于，那些在社交中游刃有余的人，往往能够抵制住无效社交的诱惑。而那些忙于应付，时常感到累的人，往往抵制不住社交的诱惑,无论是有效的社交还是无效的社交都去参加。

无效社交指的是为了社交而社交,并不是自己主动去社交,并且对我们几乎没有任何好处的社交。例如,某天你参加了一个社团,但里面大部分的人你都不认识或是没有共同语言。你和他们喝酒聊天,却不能触及灵魂;你和他们互加微信,却没有说过一句话;你和他们表面客套,却只是为了社交而社交。这种社交就是无效社交的表现。

如果我们频繁参与这些无效的社交,将会浪费大量的时间和精力。对于上班族来说,空闲时间就是宝贵的财富,我们可以利用空闲的时间来休息,为工作做好充足的准备,提高工作效率;还可以利用空闲时间,学习一门技能,在未来工作和创业中,发挥重要的作用等等。

李雪晴在一家公司做会计,公司中,会计部门几乎都是女的,时间一长,大家关系都很好。公司下班时间比较早,跟她关系好的几个同事几乎都是单身,喜欢去玩。每次下班以后,就叫她一块出去玩,刚开始的时候,她跟同事们一起出去,大家一起放松一下,有时还会交流下工作,白天上班的效率也还不错。

后来,她发现每次出去玩,理由都很奇怪,什么同事的朋友免费请她们去唱歌、同事亲戚搞公司聚会等等,她果断拒绝了,并告诉同事们,自己要专心回家写小说,以后不再参加此类活动了。

第五章
意志力的本能：守得住欲望，抵得过诱惑

之后，她再也没有参加这类活动，坚持每天写一个小时的小说发表到网上，渐渐地，她积攒了一定人气，还收到了不少用户的打赏。

提高我们的自控力，抵制住那些看似非常吸引人的无用社交，并果断拒绝，就能帮助我们节省很多时间。当我们把节省下的时间，用在有利于我们发展的方向，比如多看一些书、多学一些技能等等，会给我们带来巨大的收获。

我们没有太多的时间能让我们随意浪费，从现在开始放弃无用的社交，把时间用在有用的社交上，比如参加技术交流大会、兴趣比赛等。

想要拒绝无效社交其实很简单，我们可以这样做：

退出那些没用的微信群

你因为一时兴起，加入了不少微信群，结果进去后发现里面基本每天都只是在说一大堆的废话。这时候，千万不要顾及任何面子问题，果断退出这个群，不要认为面子上过不去，实际上根本就没有人会在乎你，你在乎的只有自己可笑的虚荣心。你需要做的是，找出所有已经加入的无聊的群，逐一退出，里面的人根本不会在意，也不会关注你。

主动远离狐朋狗友

交一些爱胡侃、整天得过且过的朋友，可能我们认为是一种生活放松的方式，实际上这有害无益，这样的人们在一

起就只是为了纯粹的互相抱怨,但并不会让我们的生活变得更好。而且负能量这个东西是可以传染的,打牌、抽烟、喝酒等恶劣习惯也是在这样的情绪中传播的。远离那些没用的狐朋狗友,就是对自己的人生负责任。

把时间砸进图书馆

避开那些喧嚣和诱惑,最好的地方莫过于图书馆。肤浅的人和没有追求的人,是一定不会出现在图书馆里的,这里凝聚的往往都是一大批有理想有追求的人。不管是什么样的人,一旦顿悟了学无止境的道理,就自然不会再浪费时间去做那些无意义的社交活动了。我们平时不如把时间都放在图书馆里,积累沉淀,最后一鸣惊人。

"种瓜得瓜,种豆得豆",我们把时间用在什么上,就会收获什么。放弃无用社交,把宝贵的时间放在有效社交或者学习上,将会终生受益。

第六章
该死的拖延症,为什么我们进入不了状态

第六章
该死的拖延症，为什么我们进入不了状态

1. 事情并没有你想象的那么难

莫泊桑曾说："生活永远不可能像你想象得那么美好，但也不会像你想象得那样糟糕。"当我们在面对一件自认为很困难的事情时，非常容易陷入拖延，但很多事情往往只是看上去很难。

郭佳进入职场还不满一年，最近她被分到了一个新的项目中，在培训结束的时候，所有人都需要到市场去实际操作，需要向实体店的商家对接公司的产品。

郭佳是一个比较羞涩的女孩，怯场对她来说更是家常便饭，突然接到这样的任务，她一下子慌了手脚不知道如何才好。

任务开始的第一天，她向领导请求先跟在有经验的老同事身后学习学习，之后再独立与商家对接。跟着老同事在外面跑了两天后她仍旧没有足够的信心去独自和商家进行对接，她只能再找其他的理由避免独自外出，找来找去也没有找到合适的理由，最后只能用请假来躲避与商家对接。

到了月末考核当月业绩的时候，郭佳因为没有完成一次对接而受到了领导的批评。

因为以前没有做过，再加上性格比较内向，这些因素共同导致了郭佳在面对陌生的事情时，力不从心，主观上感觉事情很困难，自己很难做到。俗话说："感觉有时候是会欺骗你的。"生活中能体会到的就是温度，当我们把手伸到热水中，瞬间把手抽出来，认为水温超过了60度，可实际上只有40多度。

当我们感觉要做的事情比较困难时，内心会自然而然地涌现出一种恐惧感。这种恐惧感让我们的行动变得迟缓、拖延，导致任务迟迟不能完成，甚至迟迟不能迈出第一步。我们把这种情绪称为畏难情绪，畏难情绪是导致拖延症的重要原因之一。

但你有没有想过，我们在面对那些所谓的"困难事情"时，还没有开始做，它的"困难"程度我们是从哪里得知的？它又是如何给我们带来恐慌的？

在接到一个新的任务时，我们会不自觉地拿我们过往的经验，来对这项任务的困难程度做出一定的评估。我们的恐慌感就是由这个评估结果所导致的。

但这种评估很多时候是不准确的，我们过往的经验所对应的是当时的自己，那时候的自己能力还不够成熟，很多认

第六章
该死的拖延症,为什么我们进入不了状态

知还不够健全,这样的我们在面对一些事情时难免会手足无措,但如果我们把当时积累下的一些经验当做现在评估一项任务的尺度,而忽视了自身的进步,那么最终得出的结论也会与客观事实有很大的出入。

其实这种现象很好解释,曾经有这样一则寓言,与之有异曲同工之处:动物园里的大象被一根细细的绳子拴在那里,它不跑不跳也不挣脱。原来,动物园的饲养员在大象很小的时候就给它拴上了这根绳子,那时候它拼命挣扎,但始终没能挣脱,久而久之它就放弃了挣扎。过去的经历就像拴住大象的那根绳子,它限制了我们正确评估眼前事物的能力。

在遇到一件自己从未遭遇过的事情时,我们还喜欢"借鉴"别人的意见,根据别人的意见,或大众的普遍认知来对这件事情做出一些难易的判断。大多数人认为困难的,我们也会认为它做起来定然不容易,大多数人认为简单的,我们会认为它并不困难。

但很多事情具有极强的针对性,在这些事情上,所谓的大众普遍认知和别人的意见都不具有参考价值,在这种情况下,如果你还过于依赖外部的声音,那么你的评估结果也会变得不够准确。特别是当外界声音都认为某件事情较为困难时,你会在事情开始执行之前就产生严重的恐惧情绪,在恐惧情绪的作用下,你会变得逃避、拖延,迟迟不敢迈出行动

的第一步。

遇到一件事情,如果我们表现得畏缩、逃避。随后,我们遇到的事情越来越多,放弃的情况就会一次次出现,我们的自控力就会逐渐变弱。当自控力很弱以后,我们对于自己的控制也就变弱了,那么,以后无论我们遇到任何事情,即使是非常简单的,在我们脑海中产生的第一印象也将会是困难的,试想我们还能做成什么事情呢?

所以,在面对我们自认为比较困难的事情的时候,我们要有自控力,保持清晰的头脑,勇敢地面对。如果我们在面对事情的时候,没有精神,可以先调整一下自己。若是我们以疲惫的状态去应对一件事情,做起来将会力不从心。做起来稍微不顺心,就会感觉到事情非常困难,就不想去做了。调整好状态,使自己精力充沛,做起事情来就不会觉得那么难了。

另外,行动永远大于想象,我们与其被困在想象中,还不如行动起来,去真正感受一下。任何事情,只有去做了,才知道究竟是难做还是好做。行动起来,哪怕先投入十分钟,去尝试做下去,当你做起事情来,也许就感觉不到事情难做了。

我们不能活在想象中,要活在现实中,即使真的遇到困难,也要有自控力,坚持下去。只有不断地克服困难,才能不断提高、进步,获得收获。

2. 有一种拖延是，你嫌麻烦不想开始

"做饭太麻烦了，你去做吧，我想歇歇。"家庭生活中，这样的事情时常会发生，嫌麻烦不想去做，于是让别人去做，但这只是拖延时间的理由，最后，还得自己去做。既浪费了时间，也降低了我们的自控力。

李小冉到朋友家玩，一进门就被阳台上的植物吸引了，什么玫瑰、茉莉、桂花、杜鹃……花团锦簇的景象让整个屋子充满了生机，细闻一下，还能闻到淡淡的花香。朋友见她很喜欢这些花，就打算送她几样花苗，并把栽培的方式告诉了她。

李小冉欣然接受，朋友先给她剪了玫瑰和茉莉的花苗各一支，并告诉她玫瑰要天天浇水，两周要施肥一次，茉莉要放到阳光充足的地方，两天浇一次水就可以……李小冉细心地记下这些栽培方式。当朋友打算再送她一些花苗的时候，李小冉说："够了够了，我这人嫌麻烦，这两样已经足够我忙活了，再多我也收拾不过来。"

李小冉带着花苗回家后已经不早了，她一想到还要买花盆、花肥就一阵厌烦，索性便找了个里面有水的瓶子，就把花苗随便放了进去。第二天下班回家，见花苗还活着，就盘

没有自控力，你谈什么人生

算着先让花苗这样待着，到了周末的时候再去收拾它。

到了周末，李小冉再去看这些花苗时发现全都死了。

就像阳台上的花团锦簇，生活中大部分美好的事物都是"麻烦"的，当你因为嫌麻烦而拖着迟迟不开始做的时候，你就在拖延中一步步地失去了拥有精致生活的机会。

有人说："你荒废的每个瞬间都是未来。"的确，我们总会因为一些事情过于"麻烦"而拖着迟迟不肯开始，却不知道美好的生活都是"麻烦"的，嫌麻烦而拖延让我们错过了很多美好的东西。

我们怕麻烦，很重要的一个原因就是因为懒惰。导致懒惰的原因就是个人的自控力差，自控力差的人，安于舒坦和享受，不愿意麻烦自己，遇到简单容易的事情时，还会勉强去做，而遇到较麻烦的事情时，则会表现出厌烦的情绪，不愿意去做。

经济学认为，人的行为倾向于在有限制的条件下做出尽可能更高效用的选择。通俗点来说就是，人都喜欢做那些低付出而多回报的事情。而"麻烦的事情"恰巧与人的这个天性相违背。比如我们常常会纠结究竟是叫外卖还是自己做饭，这两者之间，我们又通常会选择叫外卖。这就是因为叫外卖虽然要比做饭成本高一点，但点外卖的过程要比做一顿饭的过程容易得多，并且，外卖菜品的口味往往也会明显高于我们自己做的。相比较之下，很多人会选择叫外卖。

第六章
该死的拖延症，为什么我们进入不了状态

在这种心理主导之下，我们会把遇到的一些"麻烦事情"尽量往后拖，空出来的这段时间我们会选择一些高回报的事情。

在这个通过拖延低回报任务来获得高回报任务的过程中，还考虑到了一个时间的因素，经济学上把这种现象叫做"时间决定论"。在我们拖延的那些麻烦任务中，大部分并不是因为它本身的回报低，而是因为它获得回报的周期比较长。较长的回报期也容易让我们把麻烦任务的一些优势给忽略掉。而那些不麻烦的任务则正好相反，它们获得回报的周期更短，也更容易给我们带来较为强烈的回报感。

怕麻烦的特点每个人都有，甚至可以说正是因为人类有怕麻烦的特性，才有了今天各式各样先进的设备和工具。你看身边，电梯是因为嫌爬楼梯麻烦而发明的，声控开关是嫌开关灯麻烦而发明的等等，但因嫌麻烦而拖延却不是一件好事。

嫌麻烦，公司中的每一个人都不想做麻烦的工作，整个公司就没办法运行下去了；嫌麻烦，垃圾桶里面的垃圾没人清理，我们将活在一个臭气熏天的城市；嫌麻烦，农民不种粮食，我们每个人都将被活活饿死等等。我们每个人几乎每天都要面对麻烦的事，积极去做，不要拖延，拖延下去，只会浪费时间，对我们没有丝毫好处。

当我们面对一件麻烦的事情时，不要着急，刚开始的时

候，往往会没有头绪，不知道应该从哪里入手。我们可以尝试着缩减任务的执行步骤，把复杂的任务精简化，让它变得不再复杂，这样就可以直接避免因嫌麻烦而导致的拖延。

拿跑步来说，很多人会因为找运动服、换运动服、找运动鞋、换运动鞋、跑完后洗澡换衣服等一系列繁琐的准备工作而拖着，迟迟不肯行动，这一拖，跑步的计划就会被搁浅。针对这样的情况，可以预先就把运动装备准备出来，下班后回到家直接换好装备出去跑步。

这种减少执行步骤的方法能让整个任务的执行过程变得更为直接，进而避免了拖延。

我们还可以让繁琐的过程变成一种享受。通常，我们会认为麻烦的事情，就是无聊的事情，没有意思的事情当然不愿意去做了。此时，我们可以通过使用更好的工具（如工作中使用手感好的键盘、鼠标、耳机等），装扮任务执行的环境来提升任务执行过程的体验感，让整个过程都变为一种享受。

遇到麻烦的事情，我们不要气馁、拖延，要调整好自己的心态，用我们的自控力，坚持做下去，越是麻烦的事情，成功后的成就感越明显。

3. 从来没有万事俱备的时候

"我们都急死了,你怎么还不开始做呢?"对于一件事情,有的人急得团团转;有的人却丝毫不着急,总想等到万事俱备才开始做。结果,一拖再拖,始终没有等到最佳时机。这些人中的一部分其实不是在等时机,而是在拖延。

《饮食男女》中老朱有三个女儿,小女儿家宁在麦当劳打工。她的闺蜜被一位男生追求,面对这名男生多次的邀约,闺蜜总是放人家鸽子。闺蜜其实是非常喜欢那个男生的,之所以放他鸽子,是因为觉得没有到在一起的最佳时期,想让他追求得辛苦一点。

当知道原因以后,家宁时常安抚那位男生,渐渐地两个人就暗生情愫,最后,两个人在一起了。家宁闺蜜知道以后,悲痛欲绝,边流眼泪,边疯狂地咆哮:"为什么?我只是想让他追得辛苦点。"

《饮食男女》里有这样一句话:人生不像是做饭,不能等到万事俱备了才下锅。家宁的闺蜜太追求完美,非要等到男生感觉辛苦了,自己满意了,才同意跟人家在一起。结果,一拖再拖,始终不同意跟人家在一起。最后,男生失望积攒够了,也就离开了。

没有自控力,你谈什么人生

对于感情这件事情,谁都不能确定什么时候是万事俱备的时候,更不确定什么才是完美的时候。凡事都是有一定的时间期限的,为了追求完美一拖再拖,实际上是在浪费自己宝贵的时间。一旦错过了一定的时机,想要挽回几乎是不可能的。

生活中,有很多事情跟感情是一样的,没有万事俱备的最好时机。我们常常会遇到这样的人,他们正准备进行某项工作,可过了很久也没有任何行动,问他们在干什么,他们会说:"我还没有准备好呢!"乍一听这好像是一种积极的回答,实质上却是拖延的借口。准备是必要的,但必须明白"没有万事俱备的时候"。

听起来,"万事俱备"似乎可以降低我们的出错率,但可怕的是,它也可能会让我们彻底失去成功的机会。如果企盼"万事俱备"后再行动,我们的工作也许永远没有"开始"。

所谓的万事俱备并不是我们就真的准备得万无一失,而是自己觉得自己准备的达到了标准,但是,还是会有一些事情是我们想不到的,没有去准备好的。我们没有必要为此而烦恼,没有什么是十全十美的,只要尽心去做,就是问心无愧的。

所以说,无论我们从事什么行业,当老板分配给我们某项工作后,看清工作的本质,当机立断,雷厉风行,只有这

第六章
该死的拖延症，为什么我们进入不了状态

样，成功才会最大限度地垂青于你。

"完美主义"从来都是心理的"毒药"，完美主义思想产生的根源可能是幼儿式的两分思维导致的。具有这种思维模式的人认为，事情只分为对或错、好或坏、失败或成功。换句话说，在他们的眼中"要么全有，要么全无"，完全没有折中的余地。心理学家阿瑟·帕科特的解释更为形象，他指出："对于完美主义者来说，连续统一体上只有两极，他们无法意识到还有一个中间地带。在这种思维模式下，完美主义者对失败有强烈的情绪。他们认为自己如果做不到最好，那就是最差的；如果自己无法做到完美无瑕，那就一定是一无是处的。"

心理研究发现，追求优越感所带来的虚荣心是会让人上瘾的。一旦这种"只有做到完美，我才能接受自己；只有比别人做得更出色，我才能肯定自己；只有一直寻找优越感，才能幸福"的观点深入骨髓之后，这些人就会竭尽全力在他人面前呈现一个完美的自己。如果他们做的事情条件不够完美，那么他们就会被这种虚荣感左右，决定不去做这件事情。

有的时候来自外部的压力也会让人陷入"完美主义"拖延的陷阱。很多人并非是天生的完美主义者，很多时候，是外在的一些因素促成了他们的性格转变，尤其是来自工作中的压力。一个人在工作中遇到了一个追求完美的挑剔上司，

那么他很快就会感受到上司所施加的各种压力，而这种压力在很多时候会让他很痛苦。为了避免被挑剔、被指责的命运，减轻自己的痛苦，他们就会选择强迫自己去挑剔工作，认为条件完美的就立刻接受，认为执行条件不完美的就以各种借口拖延下去。

人生从来没有万事俱备的时候，在我们酝酿出梦想时，没有立即行动，那么，我们就可能失去一次成功的机会。因此，我们要找准机会，适时出击，不必非要等到我们所谓的万事俱备的时候。生活中，有太多的事情是我们无法左右的，有太多的突发事件是无法预料和控制的。所以，我们要放宽心，遇到事情，不要以"等待万事俱备"为借口一拖再拖，要提高自己的自控力。

4. 如果你一直等待灵感来敲门，你的作品将少得可怜

村上春树曾说："世上有的人要等到灵感来访才开始写作，那样就无法成为专业作家。要是枯等灵感来访，那么永远也写不成小说。既然从事写作，每天坚持不懈地写就至为重要。"灵感是很难等来的，它只会在不断地创作中逐渐显露。

郑佳是美术学院的一名学生，她的毕业任务就是交出一

第六章
该死的拖延症,为什么我们进入不了状态

幅能够打动人心的画作。还有三个月时间,她一直没有找到画画的灵感。在接下来的一段时间里,她每天不是约闺蜜逛街,就是躺在宿舍中,吃着零食看电影。就这样,一眨眼两个月过去了,郑佳佳玩得天昏地暗,至于画画则是完全被搁在了脑后。

还剩最后一个月的时候,她的父母过来询问了一下她最近的情况,她在谈话中才想起来自己的毕业作品竟然还没有完成。不过好在还有一个月的时间,也没有太在意,送走了父母,郑佳佳就又开始过起了跟以前一样的日子。然而,她脑海中还是产生不了任何灵感。离毕业还有几天的时候,郑佳佳开始着急了,不过她还是一点灵感都找不到,当然也不知道应该怎样去画。

到了交作品的日期,郑佳佳只好把自己随手画的一幅画交了上去,不过第二天就被教授给退了回来,郑佳佳最后迫于无奈只好留校了一年才毕业。

灵感几乎不会主动跑到我们的脑海中,让我们轻易地抓住它。灵感来源于我们不断地学习、积累、思考,达到一定程度以后,灵感才有可能会在瞬间出现。那些没有自控力的人,只是拿没有灵感,来为自己的不努力找借口,时间长了,就会患上拖延症。

想要让灵感主动来找我们,而我们却不为之去努力,这就是守株待兔,很难成为现实,灵感是需要我们主动去寻找

的东西。

鲁迅说："哪有天才，我只是把别人喝咖啡的工夫都用在了工作上。"巴尔扎克每天只睡4-5个小时，靠喝大量的咖啡来提神，剩余的时间基本都在写作。我们只有不断地努力，才能让灵感光顾，否则，灵感是很难来的。

等待灵感，只会让我们失去更多的机会，导致我们把该做的事情一拖再拖。等待灵感只是自我安慰的借口，没有灵感不能顺理成章地成为拖延的理由，没有灵感这句话，更多时候只是懒惰和拖延欲的伴生品。

而那些号称找不到灵感的人，很有可能是因为他对自己专业的研究还不够深入。为什么很少听到某些科学家说找不到灵感这类的事情？因为他们对自己所做的事情有非常深入的了解，只有认真研究过任务的本质，对事情本身有一个详细的了解，我们才可能会有灵感出现。

广博的见识也是灵感的重要来源。灵感的获得，除了专业的学习以外，剩下的就是靠从各个渠道获得的知识带来，如果一个人的知识获取方式过于狭隘，那么最终会导致灵感的丧失，只有扩大知识面，不断地学以致用，保持终生学习的态度才可能获得源源不断的灵感。

普遍来说，灵感的获得必须手脑并用，人类祖先区别于动物的进化过程就是双手劳动，劳动才能够发掘出智慧，智慧就是灵感的来源，而过于懒惰的人，既不会读万卷书，更

第六章
该死的拖延症，为什么我们进入不了状态

不会行万里路，那么就不可能下笔如有神，也不存在见多识广，懒惰断绝了灵感的来源方式，而这些人自然也就只能以"等待灵感"作为自我安慰的借口。

除了不愿意动手，他们也可能是不愿意动脑的人，这些人通常期望每天就是一些一成不变的任务，不需要思考，不需要理解，只需要一点身体的行动就可以彻底解决问题，这样的人，一旦遇上需要随机应变的事情，很快就会没了"灵感"，其实并不是没有灵感，而是他们习惯了不需要动脑的日子，不愿意将这个惯例打破。

灵感绝对不会在我们懒惰，或者没有付出任何行动的时候跑出来，这是不现实的，只有付出行动寻找，灵感才会到来。

为了能够获得灵感，我们不妨换一下自己所处的环境。环境会对人产生积极的影响，一个优良的环境，往往能够给人带来身心的愉悦、引导人们思考，启迪人的思想。比如美国著名作家亨利·戴维·梭罗在创作《瓦尔登湖》时，独自在瓦尔登湖旁边建了一所房子，生活了两年多的时间。

为了能够获得灵感，我们还可以试着多接触不同的人。每个人的经历都是不同的，同样每个人一生的经历也是有限的，这样就限制了我们的思考。我们想要打开想象的空间，就需要多跟不同的人接触，在不断接触的过程中，思维就会被打开，当我们听到一个人的讲述时，或许就会有灵感

降临。

所以,灵感需要我们去主动寻找,而不是站在原地去乞求,这样灵感是不会眷顾的。我们需要提高自控力,行动起来,不拖延。只有这样,通过不断地寻找,我们将找到灵感,获得丰厚的收获。

5. 把你对自己的期望值调低一点

"你连这一点小事都做不好,还能干成什么大事。"这样的话,在我们的生活中会经常听到。很多人,对自己有着过高的期望,结果却什么也没做成。

王辉本是一位很有抱负的青年,毕业后想要在北京闯出一番事业来,然而事实却总是给予他过大的打击。王辉本身的学历水平有限,而且不是重点大学毕业,光是这点就绊住了他的手脚。

王辉曾经投递过的国企基本音信全无,而实力强大的民企他的实力又竞争不过其他人,普通的小企业他又看不上眼,但他咬定自己是个有能力的人,只不过是怀才不遇。靠着父母的接济度过了艰苦的半年,最后他实在是坚持不下去了,还是选择了回老家。

回老家后在父母劝说下,王辉考上了公务员,在老家踏

第六章
该死的拖延症,为什么我们进入不了状态

实地干着扶贫工作,由于良好的工作态度,王辉收到了众多老乡的感谢信,也一再受到上级的表扬,而他觉得现在干的事情才是真正符合他人生价值的事情。

生活中,每个人都希望自己能够往好的方向发展,并且能够梦想成真,实现自己心中所想。但是我们心中的期望,要与实力相当,有怎样的实力,才能撑得起怎样的期望。

现在的很多年轻人,特别是大学刚刚毕业的应届毕业生,他们往往并不了解社会中的真实情况,总是自我感觉良好,觉得自己的水平和能力非常高,能够做好重要的事情。结果,盲目自大,自认为发展不好的工作不去做,找工作一拖再拖,即使是迫于生活的压力,不得不工作,也是三心二意,凑合着干。一旦有一点经济能力,就又选择换更好的工作。

而那些自控力很差的人,在看到自己在短时间内不能找到一个好的工作时,往往就会拖着不去找,甚至演变为拖延症。渐渐地成为了"啃老族",根本不愿意去找工作,别说是实现自己当初的目标,就是连自己的温饱都解决不了。

世界上没有任何事情可以一步登天,所有伟大的理想无一不是在迷茫中摸索出方向的。如果我们从小的梦想是做一名文学家,那么就必须积累丰富的文学知识,并且在学习中融会贯通,纳为己用。哪怕是天才也都是基于基础知识之上来进行创作的。

对自己错误的预估和过高的期望最终只会让我们在面对现实时变得更加消极，在经历过本不该有的挫折后，我们会变得意志消沉。而且过高的期望会让我们的生活变得很累，所谓挑战，也是建立在和自己水平相当，或者稍微高一点的事情之上。如果事情远远超出我们的能力范围，却依旧要选择挑战，那么无异于是在浪费时间。

而这群对自己期望过高的人，通常情况下都很自负。所谓自负，就是过度的自信或者自大，而自大则是典型的期望超过能力依旧不反省的表现，这样的人看不清自己的实力，也无法看清事情的困难程度，天真地相信只要用嘴和所谓的意志就可以完成任务，而真正到了事情来临的时候就会发现，事情并没有自己想象的这么简单，可是反悔又来不及了，只好把苦水往肚子里咽。

自负性格很可能是家庭环境导致的。有些人，本身其实明知道自己无法完成一些任务，可是还是选择接受，他们很有可能从小就处在一种被动高压式的家庭环境下，被父母从小灌输"你能行"的思想，被父母拿来和其他的孩子对比，从小就养成了"落后就等于丢脸"的习惯性思维，但他们并不知道人与人的智商并没有多大的差距，天才仅仅只是凤毛麟角而已，普通人背负过重的负担只会让心理逐渐变得畸形和扭曲。

自命不凡的人大多数还是思维不成熟的人。这类人是基

第六章
该死的拖延症,为什么我们进入不了状态

数最多的一群人,多存在于刚出社会的青年人之中,他们没有社会经验,凡事总是习惯往好的地方想,而忽略了其中可能存在的种种问题,一旦期望和现实的差距过大,他们就会感到沮丧,承受不住预料之外的打击。

我们需要有梦想,但必须是经过周密计划,确认通过努力可以实现的梦想,不然只能叫白日梦而已,把自己的梦想降低一点,脚踏实地的,一步一步地去完成每一个步骤才是正确的做法。

华语世界首席心灵作家张德芬在她的文章中写道:"通往地狱的道路是期望铺成的。我们整天庸庸碌碌、费尽心思去改变外在的人、事、物,好让它们符合我们的期望,难怪会如此疲惫而且气馁。殊不知我们需要管理和改变的是我们的期望,这比和外在的人、事、物较劲来得容易多了。"

我们要提高自控力,控制住自己不被高期望左右,从自身的实际情况出发,并作出积极的改变。让我们身上每一个细胞都沸腾起来,让我们尘封已久的心跳动起来。通过降低对事物的期待,改变曾经的心态,从力所能及的事情做起,开始一步一个脚印地走,就一定能走出属于我们自己的一片天。

6. 完成比完美更重要

为了让设计完美，很多设计者都抱着宁缺毋滥的决心，除非拥有了完美的设计规划，否则就不开始。结果，设计计划一拖再拖，最后，既没有完美的设计计划，更没有执行，结果任务以失败而告终。

袁何是一名新媒体编辑，他和那些普通混日子的小编不一样，袁何对自己编辑的文章一直都非常负责任，不过他编辑文章的效率一直都很慢，而且常常需要拖延很长的时间才能发表，这让他非常困扰，上级领导对他的效率也很疑惑。

直到有一天，领导观摩了袁何整个的编辑过程才发现问题，在整个过程中，袁何由于对文字的敏感度较高，总是迟迟不愿下笔，或者下笔后又反复更改，习惯性地咬文嚼字，让效率变得十分低下，一直到快下班的时候才能够完成一篇文章，而且都来不及检查。

于是领导提出了一个意见，让袁何先一气呵成地把文写完，最后再在整体上进行修改，袁何采用这种方法后，原来一天只能出一篇文章，现在竟然可以发表三篇了。

所谓的完美只是一个理想的状态。如果我们不断苛求完

第六章
该死的拖延症,为什么我们进入不了状态

美,就很可能在不断苛求中产生了拖延,自控力不强的人,会陷入追求完美的漩涡,总认为自己做的达不到完美的标准,于是不断修改、重来,最终导致任务没有完成。对于任何任务而言,完成要比完美更加重要。

完成的功效远比完美要重要。我们平时的工作无论做得再漂亮,只要在最后期限里无法交付,就会被人当做是无能的表现,任何领导都不会接受"因为我要保证质量,所以暂时无法完工"这个荒唐的理由。

我们必须清楚地知道,十年磨一剑的最终结果,往往都是把剑给磨残了,最后失去了做这件事情的意义。在生活中,无论任何事物都有一个有效期限,食品有保质期、工作有交付期,只有在规定的时间做规定的事情才能称之为有效,食物过期了就不能再吃了,工作在最后时间没有上交就只能视为没有完成。

完美本是一个中性的词,追求完美从某种意义上来说是一件好事,至少这代表着我们有一个认真的态度,但是若追求完美成为生活和工作中的一种阻碍,这就是我们应当拒绝的行为了。过分追求完美通常会带来种种危害。

完美主义者大都是拖延症的重度患者。追求完美的那群人,总是喜欢吹毛求疵,在没有完成整个工作的情况下,这种病态的挑剔感就已经表现了出来,这样,带来的往往只有

效率的低下。最后在匆忙中完成整个任务，连检查修改的时间都没有。

其实，追求完美本就是一件浪费时间的事情。追求完美的人多半都有点强迫症，这种症状会导致我们进行反复的无效行动，例如，发出一封邮件后，我们会因为强迫症反复确认自己到底是否发出了，这样的无效确认甚至会进行四到五次。有的人甚至会因为怀疑出门时门没有锁好，而在上班的中途又跑回家去确认一次。这种种浪费时间的行为，都是由于完美主义携带的强迫症导致的。

完美主义很容易让我们走进钻牛角尖的误区，如果将注意力集中在那些无关紧要的小事之中，那么我们很容易就会迷失主要的方向。例如，我们执著于挑剔工作中的一些小毛病，却认不清工作整体上的大趋势，那么最后可能做出一番很精美但是全无用处的工作报告来，追求完美主义很容易导致整体判断力的丧失。

过分追求完美必然会降低工作效率，带来不必要的影响，我们应当在完成事情的整体后，再去适当追求完美，可以反复斟酌自己的工作内容并进行修改，但是千万不要因为吹毛求疵的习惯而影响工作效率。

完成和完美的主次关系我们应该分清楚，完成主要是针对于事情的整体性，而追求完美则更加关注细节的方面，明确了两者的关系,这样才能够保证工作的效率。

完美是理想主义者的终极目标,几乎所有人都达不到这个目标。我们只能无限地接近完美,而不能绝对达到,当我们达到了一定的高度以后,在向完美这个终极目标靠近时,前提是要把事情完成。把事情完成是走向完美最基本的条件,如果我们连这个条件都不具备的话,永远也达不到完美。

因此,我们要把完成看做是最重要的事情,先把事情完成。然后,再以完美为标准,不断地提高质量,来使自己的能力得到不断的提高。

7. 早上越犹豫越起不来

相信很多人都有这样的经历:早上闹钟响了之后,半睡半醒之际,犹豫是关掉闹钟再睡个十来分钟,还是立马起床上班。然后在犹豫中不知不觉又睡着了,等醒来的时候准时上班已经不可能了……

早上七点钟,闹钟响了。卞欢打了个哈欠,翻了个身,心想:再睡一分钟吧,就一分钟,不会迟到的。过了一分钟,卞欢起来了。她很快地洗了脸,吃了早点,带着公文包就上班去了。走到十字路口,卞欢看见前面是绿灯,刚想走过去,红灯亮了。卞欢叹了口气,心想:要是早一分钟就好了。

她等了好一会儿,才走过十字路口。然后她向停在车站的公共汽车跑去,眼看就要跑到车站了,车子开了,她又叹了口气,心里想:要是早一分钟就好了。

卞欢等啊等,一直不见公车的影子,最后她只好选择跑到公司去。

跑到了公司,大家都已经开始上班了。卞欢红着脸,低着头,悄悄走进了自己的位置。人事部马原看了看手表,说:"卞欢,今天你迟到了20分钟,按照公司纪律条例,要罚款50元,你有什么需要解释的吗?"

卞欢非常后悔,但她也无可辩驳,只好认了。

喜欢赖床的人,大多有轻微的拖延症,当然这些人的自控力也可想而知。

通过分析来看,赖床的人分为以下两种:

第一种,是晚上不愿意睡觉的人。有的人忙碌了一天,到了晚上本来是很困的,可就是睡不着,看电视、玩手机、打游戏。趁着晚上的时间是自己的,肆无忌惮地透支自己的身体。这种睡不着,慢慢会成为一种病态,对身心无益,反而容易让人衰老。

第二种呢,是属于早上赖床的人。新的一天已经开始,

第六章
该死的拖延症,为什么我们进入不了状态

可自己却不想起来,一天的工作在等着自己,想想就会有一种烦躁的感觉,这种心理,是导致犹豫不决,不想起来的重要原因。

"赖床一分钟,白做半天工。"这当然是一个幽默的说法,但是每天上班,我们无疑都会面对着这样一个问题:是再睡一会儿,还是立刻起床?而且花在这个问题上的犹豫时间,会随着冬季的到来,逐渐变得更加漫长。

俗话说:"一年之计在于春,一日之计在于晨。"早晨的记忆力无疑是一天之中最好的,这已经是经过无数专家证明过的事实,习惯早起的人,总是能有一些额外的收获。而赖床,则会带来众多的不良影响,有些危害甚至是我们意识不到的。

在生活中,赖床会打乱一整天的作息时间。一般晚起的人吃的是早午饭,这样就会导致晚餐顺序也被打乱。良好的生活习惯有一条就是吃饭要定时定量。更重要的是,睡眠时间也会被打乱,容易导致晚上太兴奋,不能及时入睡,产生一个恶性循环。

在交际中,赖床会给别人留下一个不好的印象。人是社会性的动物,总会和各式各样的人发生联系。如果别人一大早无法联系到我们,或者得知我们在赖床,无形中就使得我们的形象在别人眼中变得不再可靠,我们的个人形象将受到

损害。

在工作中，赖床的习惯很有可能会导致事业上的受阻，吃不上早饭、赶不上公交、耽误上班的时间、迟到罚款、给领导留下不好的印象等等，甚至由于赖床带来的副作用，导致一整天工作都心不在焉，错误频出，这样就得不偿失了。

早上起床的时候，千万不要犹豫，当我们在思考要不要起床这个无聊的问题的时候，倒还不如一把掀开被子，洗漱完了赶紧去吃一顿丰盛的早餐，毕竟，空气再冷，冷不死人；床再温暖，也暖不了一生。

牛顿力学定力中说，一样物体如果要改变原来的运动路径，最好的办法莫过于运用一样外力来帮助它。对于犹豫导致的赖床毛病，这个定力同样适用。当我们不想起床时，可以放一些劲爆的音乐，比如 DJ、摇滚等，这样我们听到以后，会受到震撼，睡意也就全没了。

我们还可以把自己的被子直接掀开，此时我们会瞬间感觉到凉气。当凉气侵入我们的身体以后，就不会再有睡意了，就会迫切地想要把衣服穿上，这一方法在冬天更加有效。

早上起床越犹豫越起不来，而早上对于一个人的状态影响很大，我们要把握好，为美好的一天打下良好的开端。

8. 制造等不及的"紧迫感"

社会中,我们会发现这样一个现象:在做一件事时,如果时间宽裕,很少有人会抓紧时间去做,总是今天拖到明天,明天拖到后天,到了实在不能再拖的情况下,才去做。

每个人都是一个独立的个体,都有自己的思想和想法,做着自己的事情。特别是在现在竞争激烈的社会中,更没有人会去催促你,让你抓紧时间做一件事。有更多的人希望你推迟去做,甚至不去做,这样他们会更有竞争力。

如果我们不给自己制造"紧迫感",就很容易陷入拖延中。一旦陷入拖延中,我们就很难在最短的时间内把事情做好,在讲究效率的现代社会,慢一点点就有可能被完全淘汰。

所以,我们要提高自己的自控力,不让自己拖延,而是迅速行动起来,抓紧时间去做事。

李明是一家房地产公司销售部的销售员,他刚刚入职不到两个月。对于刚入职不到两个月的员工,公司没有定每个月的销售额。

入职第一天,他就在脑中给自己算了这样一笔账:这个月还有3000块钱的房贷,再加上自己的吃喝以及各种应酬的花费，少说也得 6000 多块钱，基本工资是 2500，我还要拿到 3500 块钱才能生存下去，也就是至少得租出去 5 套房子。

他算好了账以后，瞬间感到压力巨大，他制定好每天的计划，一分钟都没有休息，就跑出去见客户了。

俗话说："有压力就有动力。"李明迫于生活的压力，在工作中不敢有丝毫怠慢和拖延，而是迅速投入工作中，加倍努力地做事情。这就是李明给自己人为制造的"紧迫感"。

我们给自己制造"紧迫感"，能够让我们认真对待一件事。在职场中有这样的不成文共识：限定了时间的任务，就是重要的；没有限定时间的任务就是不重要的。当我们在做没有时间限定的任务时，心就会放松下来，做起来也比较随意，想做了就做，不想做了就不去做。

给自己制造"紧迫感"，能让我们感受到事情的重要性。这也是为什么那些效率非常高的公司，要求员工每天都要总结自己的工作进展的原因。

我们给自己制造"紧迫感"，能够让我们显著提高效率。适度的紧张，能够让我们全身细胞活跃起来，特别是脑细胞，当我们身体处于适度的紧张中时，还能激发出我们的潜力，甚至超长发挥。所以，当我们做一件事时，要给自己制造"紧迫感"，增加做事的成功率。

第六章
该死的拖延症，为什么我们进入不了状态

优秀的人总是忙忙碌碌，平庸的人往往没事可做，这就是差距，我们每个人都渴望成为一个更好的人，这就需要我们提高自控力，不拖延，给自己制造"紧迫感"，让自己行动起来，把事做好。

给自己制造"紧迫感"需要用到一些实用的方法，以下这几种非常好用：

学会定倒计时闹钟

定倒计时闹钟的方法对于制造压迫感可以说是简单易行，一方面可以让我们更好地掌控时间分配的方式，另一方面又能够让我们清醒地看到时间的流逝情况，我们可以把要做的事情设定一个合理的完成时间，这种效果，就类似于学校考试交卷的铃声，目的是为了给我们一个清晰的结束期限，制造压迫感。

学会凡事往坏处想

既然需要的是紧迫感，那么我们就暂时不需要再去推崇乐观精神，我们需要采纳悲观者的想法，否则永远不会产生紧迫感。每做一件工作时我们需要想的事情，首先就是如果我们没有完成这件事情的话，会产生怎样可怕的结局。结局必须尽可能地往坏处想，罚款、开除等等只要能够让我们产生提心吊胆效果的就可以，这些让人担心的想象往往能够让我们头脑和手脚更加敏捷，提升我们的工作效率。

跟优秀的人竞争

在跟优秀的人竞争的过程中,我们能够清楚彼此之间的差距,当我们看到差距明显被拉开以后,就会产生"紧迫感"。即使自己超过了别人,也会因为害怕被别人反超而保持"紧迫感",拼命地往前赶,想要和别人拉开更大的差距。

学会给自己制造紧迫感,可以让我们在事业和学习之路上保持积极性,帮助我们更快提升自己。提高工作学习效率,制造紧迫感是十分重要的一个手段,而且如果习惯了长期给自己制造紧迫感,相信将来也必将会做出一番成就。

第七章
约束注意力,获得专注的力量

第七章
约束注意力，获得专注的力量

1. 极度专注于你"想做的一件事情"

我们总认为只要自己做的事情足够多，涉及的范围足够广，总会遇到自己擅长的事情，如果可以遇到自己擅长的事情，那就值得。但如果我们做一件事情不专心，只是肤浅地了解一下，感觉不适合了就选择放弃，不去深入了解和学习，这样既浪费了时间，还让自己变得越来越迷茫，不知什么事情对自己重要。

二十世纪九十年代，电影《城市滑头》非常受观众的喜爱，影片中，杰克·帕兰斯扮演的克利揭示了一个非常深刻的真理：一件事，只有一件事，你坚持做这件事情。他只用了短短的几句话，就说出了成功之道。

把我们的目光以及所有的注意力放在一件事上，只专注于一个目标或者是一个成就，就能够让一个人在一天中做得更多。

办公桌上的记事本上写满了任务计划，日历上记满了需要做的事情，这些都会把我们的注意力分散成零星的小块。然而，注意力太过于分散，往往什么事情都做不好，只有专注才是走向成功的途径。

与其不断地增加我们的待办事项，不如减少其中一些不必要的事项，这样注意力就能集中起来，我们的生活范围也就变小了。当我们把主要任务当做第一要务，接下来的事情都将会变得井然有序，就像多米诺骨牌一样。

我们唯一面临的挑战就是，怎样快速找到一个焦点。当我们找到了这个焦点以后，行动就会变得自然、有序。

激情和技能经常和一个人的"一件事"如影随形。当我们只有一个焦点，并花大量的时间来培养一个技能，期望能够改善结果时，就会显著增加快乐感。

比尔·盖茨在上高中的时候，就对计算机编程产生了浓厚且独特的兴趣。他把这种知识转变为成功，成为了微软公司的联合创始人。

意大利经济学家帕累托在19世纪末20世纪初，发现了一个很重要的定律，这个定律被称为二八定律。二八定律认为：在任何一组东西中，最重要的只占一小部分，大约是20%左右，其他80%是次要的。

如果我们的自控力不强，不能很好地控制自己，把大量的时间都花在了次要的事情上，那么成功将会离我们越来越远。相反，如果我们的自控力足够强，或者直接舍弃那些次

第七章
约束注意力，获得专注的力量

要的事情，将我们大部分时间用在重要的事情上，那么成功就会离我们越来越近，我们也会变得越来越有干劲。

把重要的事情做好，才更有价值。是否能专注于一件事情，是那些成功人士跟普通人的最重要的区别。成功的人往往清楚什么事情对于他们是重要的，然后把80%的精力集中到20%的重要事物上，最终获得成功。

普通人一般把自己有限的精力，平均分配到自己做的每一件事情上。他们认为这样能够多做一些事情，多产生一些价值，而事实是他们每一件事情都做得平平，并没有把价值最大化，并且精力分散，还会让他们感觉到非常疲惫。

许琳欢在大学学习的专业是美术，平时爱好颇多的她还自学了写作、舞蹈并且都小有成就。大学毕业以后，她找了一家动漫制作公司，开始了工作。

工作以后，她一心专注于工作，几乎把时间都用在了工作上，平时下班以后，也会主动加一会儿班。平时公司同事叫她去聚会，她也是能推就推。

工作一段时间以后，她被任命为动漫设计组组长。

相对于写作、舞蹈和社交活动，自己所学的美术以及漫画工作，对于许琳欢才是重要的事情。如果她把时间用在写作、舞蹈和社交活动这些不重要的事情上，精力就会被分散，没有足够的精力去专注于工作，自然也就不会有最后的升职。

因此，对于一个想要在一件事情上做出成绩的人来说，首先要知道什么事情对于自己是重要的，只有找出来了，才能知道自己应该朝着哪个方向努力。比如别人约你去聚会的事情；循规蹈矩的事情；简单又重复的事情等，这些事情对于我们来说往往并不是重要的事情，花费太长的时间做这些事情只会浪费时间。

那么什么样的事情对于自己才是重要的呢？自己擅长的事情对于自己来说是重要的。自己做起来比较顺手，并且有一定的天赋。只要花一定的时间就能做出一定的成就。

还有一种就是对于自己有益的事情。对自己有一定帮助的事情，对于自己来说都是重要的。比如你在一家公司上班，有一天老板突然让你陪他去见一个重要的客户。这件事情就是对你有益的事情，去了能够更加近距离的接触到老板，还能更好地在老板面前表现自己的能力。

2. 对任何分散精力的人或事说"不"

"明天周末有时间吗？和我一起去逛街怎么样？上次去逛街发现刚开了一家衣服店，里面的衣服太漂亮了，你一定会喜欢的。"

生活中，我们经常会遇到这样的请求，面对关系较好的

第七章
约束注意力,获得专注的力量

朋友提出的请求,很多人都不会拒绝,即使是自己有事或者是不太愿意。拒绝这个词,在很多人口中是很难说出口的。

公司中,许婧和孙雪巧关系最好。她们两个在工作中,遇到问题就相互帮助,共同解决。下班以后,就一起出去吃饭。

最近,许婧报了一个技能培训班,每天晚上八点上课,一直上到九点半。周末两天都是上午上课,下午休息。孙雪巧并不知道这件事情,又到了周五,中午她们两个在一起吃饭时,孙雪巧对许婧说:"咱俩好久没出去逛街了,周六一块出去逛逛吧,我这周一个人在家实在是无聊。"许婧不好意思拒绝,只好勉强答应了。随后,许婧给培训老师打了一个电话,编造了一个理由,请了一天假。

周六,她们两个一起去逛街。在逛街的过程中,许婧强装笑颜陪着孙雪巧,心里却非常不愿意。第二天,上技能课,她开始听不懂了,因为昨天讲得她一点也不会。回家后,她花了很长时间才把不会的学明白。

在人际交往中,每个人都爱面子,不希望别人看不起自己。当别人向自己请求一件事情的时候,往往难以直接拒绝,勉强同意后,自己心里却是百般不愿意。

俗话说:"死要面子,活受罪。"很多人宁愿自己受点委屈,也要答应别人的请求,帮助别人做事情。而当这样的事情发生的次数越来越多时,别人就会把我们当做"老好人",也就是不愿得罪别人,什么事情都顺着别人的人。只要别人说出口,我们就会答应。渐渐地,我们的自控力就会渐渐消失。

"比林定律"说,人的一生中,我们总是说"是"太快,而说"不"很慢。美国幽默家比林提出了这个观点。因此,对于我们来说,在交际过程中,当你遇到别人的请求时,不要急着答应对方,而是要学会勇敢地说"不"。

但是,这个定律听起来容易,实际执行起来却有一定的难度,我们经常会陷入进退两难的境地。即使我们知道会打乱自己原本的计划,但还是不忍心拒绝别人,最后委屈自己满足了别人的请求。对于我们来说这显然是一个损失,这样的交集,没有丝毫的意义可言。

加里·凯勒在《最重要的事只有一件》这本书中这样写道:保护自己的预留时间,并且使自己保持高效的方法就是,对一切会分散精力的人和事情说"不"。我们如果觉得直接开口比较难的话,可以以体面的方式拒绝,比如礼貌地引导他们寻求别人的帮助,找到那些更擅长帮助他们的人。

卓别林说:"学会说'不'吧!这样的话,我们的生活将会美好得多。"在很多时候,需要说"不"时就说"不",别因为觉得对不起别人而不好意思拒绝。勉强自己答应别人不但不会让你在交际上取得骄人的成就,反而会让你的生活因为不善于说"不"而变得更加失意。

第七章
约束注意力，获得专注的力量

所以说当别人请求你做的事情，跟你要做的事情有冲突，或者对于你来说是无理要求的话，就果断拒绝，这样就能避免打乱自己的节奏，影响自己的生活。

大文豪雨果在写《悲惨世界》时，为了保持自己的思路不被人打断，他在创作期间拒绝了一切应酬。当然他的朋友都知道他正在创作，但也难免会有人去找他，遇到这样的情况时，雨果是否就无法拒绝了呢？

事实是否定的，因此他想到了一个好方法——他把自己的头发剃了半边，胡子也剃了半边，这样，遇到有人来邀请他时，他们见到的是一个留了半边头发和半边胡须的人。亲朋好友们见状，也就不好再叫他了。

雨果在该说"不"时果断地说了"不"，为自己赢得了创作的自由，既减少了别人的打扰，也维护了与别人的交际。倘若当初他没有果断拒绝别人的邀请，或许他的作品就不会得到人们的高度认可。

所以说，有时候要学会果断拒绝，不要因为碍于情面，而不好意思拒绝。更不要认为，拒绝了就会影响自己与朋友的感情，并且会影响自己与别人的关系。殊不知，很多友情之所以无法长久，就是因为你当初不善于拒绝。

当我们专注于做事情的时候，学会拒绝，这样可以帮助我们节省时间和精力，从而让我们更好地专注于做事，成功的几率也就相对变得大了。

3. 把注意力集中在你正在进行的工作上

工作中，领导把一个任务，分别交给了两个员工。过了两天，领导分别询问了这两名员工的工作进度。其中一名员工完成了任务的80%，而另外一名员工则只完成了20%。领导经过调查得知，只完成20%任务的员工，在工作的时候，一会玩玩手机，一会和其他同事说说话，一会上个卫生间……

做一件事情，有的人能够专下心来，把自己的注意力全部集中到正在做的事情上，而有的人则不能把注意力完全集中在正在进行的事情上，甚至不认真对待。结果可想而知，把注意力完全集中在正在进行的工作上的人，几乎都能把事情做得非常好。

《战狼2》上映以后，迅速成为最热门的电影，引发了观影热潮，并赢得了好口碑，顺利成为中国电影票房冠军。当观众佩服吴京的演技时，并不知道他对拍这部电影有多专注。他为了获得更加逼真的效果，让观众感受到中国军人的军魂，他在拍《战狼》时，就进入到中国特种部队服役了两年时间，这两年使他学会了各种机械及布雷、排雷的方法，虽然拍完《战狼》后，电影并没有大火，但他立刻开始了

第七章
约束注意力，获得专注的力量

《战狼2》的筹划工作。

在筹拍的初期，他前往非洲待了近一年的时间，由于语言不通，沟通成为了一个难题，人员调度的难度可想而知。电影中的每一个动作，他必须亲自完成。其中有一个跳海的镜头，他连续跳了26次，直到满意为止。一个踢脚的动作，他认为演员踢的力度不够，要求增加力度。在资金不足的情况下，他抵押了自己的房子，进行拍摄。

正是吴京对一件事情的专注，让他克服困难，把所有的注意力都集中到电影的拍摄中，用近乎苛刻的要求来完成这件事情。终于，他获得了巨大的成功，所有的付出终于有了收获。

把我们所有的注意力都集中到正在做的事情上，就能让我们充满奋斗的力量，然后接受各种挑战。即使我们处在一个非常不利的条件之下，依然能够斗志昂扬，并爆发出我们的潜力，最终获得突破。

2018年10月24号港珠澳大桥正式开通，林鸣带领着自己的团队建成了世界上最长的跨海大桥。在建设这座桥中最难的是建设海底隧道，当时，国内这方面的技术还很薄弱，于是就请荷兰的一家公司帮忙。这家公司要价接近15亿，这样不合理的要求被中国的工程师果断拒绝了。

林鸣开始认真起来，下定决心要把这座桥建好，突破海底沉管技术。就这样他每天坚持长时间的工作，认真对待其中的每一个细节。国外沉管隧道允许的漏水率是10%，而他挑战的是滴水不漏。为此，最后一节沉管对接完成以后，误差是16毫米，其实这个已经达到了国外的标准了。但他不满意，让重新做，最后直到做到了误差2.5毫米，沉管滴水不漏。

每一个人都不要看轻自己的力量，当我们专注起来，把所有的注意力都集中到一件事情上时，我们的努力和钻研，能够让自身不断地突破个人极限，不断地挑战不可能，并最终，把一件事情做好。

专注就是决定用心把一件事情做好所表现出来的态度，一个人的态度往往决定着一个人的水平。虽然我们每一个人的能力是不同的，但是对待一件事情的态度却可以是一致的。当我们专注于一件事情，就能弥补我们与他人能力上的差距，并不断地使我们的个性和人格加以完善，能力也会慢慢提高。

而我们中的很多人，心都比较浮躁，不能安下心来。总是渴望着成功赶快来临，做起事情来，总是很着急，不能专下心来，集中注意力去做一件事情。我们要克服心浮气躁，提高自己的自控力，把注意力集中到正在做的事情上。这就需要我们为自己提供一个安静、独立的环境。一个安静的环境能让我们静下心来，当然除了静下心来，还要消除诱惑，独立的环境，就是环境中没有一些诱惑的东西，比如手机、电脑、游戏机等等，这样我们就能专心去做一件事了。

我们还需要充足的睡眠。睡眠质量的好坏，影响着一个人一天的精神。睡眠充足，精力就会旺盛，有助于我们长时间专注做一件事。相反，睡眠不好，会没有精力，会让我们的心情烦躁，无法集中注意力。

另外，良好的运动也有助于提高我们的注意力。适量的运动，能够促进我们身体的新陈代谢，使我们身体处在最佳状态之下，从而让我们能够更快速地集中注意力。

专注于一件事情，把注意力都放其上，能够把时间和精力都充分利用，这样做一件事情，既有效率，又不会觉得枯燥。

4. 控制你的注意力，避免被无用信息绑架

工作中，手机振动，拿起来一看，是一些诸如：购房、彩票、投资等等的一些垃圾短信。生活中，拿起手机看一下新闻，结果打开一个新闻网页以后，弹出来无数的广告，关也关不掉。

无论是生活还是工作中，我们都被大量的无用信息所包围。我们怎样面对这些无用的信息，是被绑架成为"奴隶"，还是避免被信息绑架，成为一个自由人？

没有自控力，你谈什么人生

郭静琪在一家公司做网站编辑，平时负责公司网站的内容更新。每天上班，她第一件事情就是打开电脑，看新闻。在看新闻的过程中，寻找有用的内容，进行编写和整理。在看新闻的过程中，她会点开一些诸如明星八卦、减肥广告的网页，去浏览，凑热闹。

当看完了这些信息以后，她还时不时地把手机拿出来，刷一下朋友圈、微博，看到好友发了动态，就去点赞、评论。看到一条关注度非常高的微博，也会不断地看下面的评论，自己也会发表一下评论。

把这些事情都做完以后，才发现一上午的时间快没了。于是，她抓紧时间开始工作，还没工作一会，肚子又饿了，饿得实在没有精力再工作。然后，她把工作推到了下午。

到了下午，她又重复着上午的事情，下班了也没做多少内容。时间一长，主编发现每个月都是她的工作量最少，就找她谈话，批评了她工作不认真。痛定思痛的她，决定从现在开始，再也不看那些与工作没有关系的信息。

晚上，她主动上网搜索第二天需要的素材。上班以后，抓紧时间整理，并且一上班就直接把手机关机，也不再关注那些新奇的新闻。没过多久，她发表的文章不仅数量有了明显地提升，质量也变得非常优质。

生活中，一些自媒体人为了吸引更多的人看自己的文章，提高文章阅读量，从而起一些显眼的题目；有些商家为

第七章
约束注意力，获得专注的力量

了能够获得更高的品牌知名度，会在各种网页上面投下大量的广告；还有一些不法之人，会投下大量的投资链接等等。在这些因素的共同作用之下，网络上充斥着太多的无用信息。

之所以那些无用的信息，对很多人具有强大的吸引力，是因为这些网页或者文章有一些极具吸引力的标题或者图片。当我们看到以后，就会被吸引，情不自禁地想要点开。

如果我们能够很好地控制自己的注意力，让自控力变强。当自控力变强了以后，我们再看到那些无用信息，就会调动我们的理智思维，让自己不去浏览。

我们逃脱掉无用信息的绑架以后，就会节省下大量的被无用信息占用的时间。将这些时间用在重要的事情上，就不会感觉到时间不够用，大量的时间投入，就能够获得不俗的收获。

没有了无用信息的干扰，我们的专注度也会有明显地提升。当我们专心去做一件事情的时候，就会投入大量的精力和时间，而做成一件事情，最需要的就是要有时间和精力的保障，当这些达到了以后，再做起事情来，也就变得相对容易了。

当然，依靠提升自己的自控力，来达到逃脱无用信息的绑架，是需要借助一定的方法的。

第一，打开信息过滤。当大多数人不堪信息的骚扰的时候，人们也在想应对的办法，其中最好的应对办法就是主动打开信息过滤，从源头上解决信息绑架。手机会自动过滤掉一些无用的信息，这样你就看不到这些信息了，就能在一定程度上避免被信息绑架。

第二，退群和屏蔽群。退出那些没有任何好处的圈子，比如你的酒肉朋友圈子。弱化可有可无的圈子，比如同事之间的一些圈子，如果你与圈子中的人的关系并不十分要好，因为是同事，所以不得不加入，那么在私人的时间，你需要把这些圈子都屏蔽掉，尽量少参与其中。

第三，将通知的声音关掉。一天之中，我们会收到很多信息，当然其中有很多是无用的。当我们正在做一件事情的时候，一直听到信息提醒的声音，我们就会被严重干扰，会不自觉地拿起手机看一下。当看到的信息是没有用的，我们的心情瞬间就会变得烦躁，甚至是愤怒。这样既影响了工作，又使自己的情绪变得糟糕，导致的结果一定是工作效率严重下降。

我们可以把自己手机的信息通知关掉，那么在工作的时候，就不会因为要频繁地看信息，而导致时间浪费。可以隔一段时间，休息的时候，拿起手机看一下，把其中有用的信息留下慢慢看，把没用的信息直接删除掉。

控制注意力，避免被无用信息绑架，我们就能专注于一件事情。专注的力量是巨大的，获得了专注的力量，做起事情来就会认真、努力，也就能把事情做好了。

5. 朋友圈里"努力"的戏精们，请悄悄努力吧

"坚持跑步第一天，坚持跑步第二天，坚持跑步第三天……"在每个人的朋友圈几乎都会看到这样的动态，有的坚持发朋友圈一个月，有的更短只有十几天，然后，就再也看不到他们发这样的朋友圈了。

在社会中，有很多人在做完一件事情后，总爱发朋友圈，希望得到别人的点赞和回复。为此他们在发朋友圈之前，往往要花费几个小时的时间专门拍照和修图，然后，精心地配上文字。

很多时候，他们明明知道发这样的朋友圈是在浪费时间，可是还是忍不住会发。这是因为在这个信息化的时代里，人与人的交流很多是通过朋友圈的。通过朋友圈我们可以知道远在天边的朋友最近在干什么，还可以用朋友圈来炫耀自己，得到别人的认可。

而那些人发朋友圈的目的就是让别人看到自己在"努力"，让别人认为自己是一个努力奋斗的人，可实际上是一种假象。

没有自控力，你谈什么人生

孙鑫组织了一次朋友聚会，几个老朋友见面以后，感慨良多，吃完饭以后，大家开始闲聊。孙鑫问他一个朋友，说："平时我们几个时常发一下朋友圈，发表一下最近的状况和遇到的事。看你几乎没有发过朋友圈，可现在一聚会，怎么就成为了一个公司的老总了呢？"

他的朋友说："在创业的过程中，一是比较忙，发一个朋友圈比较浪费时间。二是发朋友圈会分散我的注意力，我会时刻注意朋友圈的动态，想及时回复你们，如果不及时回复，你们岂不是要怪罪我了。与其这样还不如专下心来做自己的事情。"

听了这些话后，几个朋友都感到非常惭愧。

与其摆 Pose 发朋友圈，而自己其实什么都没做，也什么都没得到，骗自己也骗别人。还不如不发朋友圈，把时间用在做一件事情上，专注于这件事情。当我们把这件事情做好，成为了一个领域的专家时，反而会得到很多的关注和羡慕。

朋友圈一个最重要的功能就是交流。交流会占用我们很多时间，而朋友圈中的交流有很大一部分是对我们没用的东西，这就浪费了我们大量的时间和精力。所以，我们要学会不发朋友圈，节省出时间去做更重要的事情。时间是完成一件事情的基础保障，如果做一件事情的时间都不够，又怎么能够做好呢？

第七章
约束注意力，获得专注的力量

另外，我们不发朋友圈，还能减少不必要的打扰。当一些长期不联系的朋友，看到我们发的朋友圈时，会想起我们，此时正好给了他们一个和我们联系的机会。这样，我们就需要花很多时间和他们交流，反而打断了我们的计划，使我们不能专注于一件事。所以，我们不发朋友圈，就可以避免别人不必要的打扰。

松井忠三说："面对工作，若只像少年棒球队的孩子一样，笼统地抱着我要努力的心态，是最糟糕的。业余的世界还能容忍这样的心态，但在专业的世界里，如果努力过后没有成果，只会被大家认为你能力不足。"

当一位记者采访著名篮球巨星科比时问道："你为什么能如此成功呢？"科比反问："你知道洛杉矶凌晨四点钟是什么样子吗？"记者摇了摇头说："不知道，那你能说一说洛杉矶每天四点钟的样子吗？"科比用手挠了挠头说："满天星星，灯光很暗淡，行人非常少。"

那些真正努力的人，是不会在意别人的看法的。他们知道努力是需要自己去做的，而不是花时间去发朋友圈，感动自己。

黄霑曾经说："即使大天才，也无不努力不懈。没有不懈的努力，有多少天才、天赋，也是枉然。"所以，我们要真正的努力起来，而不是只给自己空头承诺。时间是不会骗人的，只有真正的努力了，才能获得丰硕的成果。

6. 把一件事做到极致，胜过平庸地做一万件事

巴菲特曾说："专注于一件事，花点时间把事情做到极致，这是许多人成功的奥秘。"社会中，有太多人，渴望在最短的时间内成功，这个工作还没干几个月，觉得没有发展前途，就换下一个工作了。就这样他们一直在换工作，却始终没有把任何一个工作做好。

世界著名的物理学家丁肇中先生，仅用5年多的时间就获得了物理、数学双学士和物理学博士学位，并于40岁时获得了诺贝尔物理学奖。丁先生说："与物理无关的事情我从来不参与。"

专注于一件事情，哪怕这件事情很微小，只要我们能够专心做下去，并将其做到极致，那么，就能成为一个领域的专家。

小野二郎在日本拥有着崇高的地位，被日本人尊称为"寿司第一人"。现在已经九十多岁的他，做了六十多年寿司。他开的寿司店在东京银座办公大楼地下室，店铺非常的狭小，连一个卫生间都没有，最多一次能容纳十个人就餐。但是这家店却被《米其林美食指南》评为三星美食店。要定一个餐位，需要提前一个月预定，就餐时间为15分钟，人

第七章
约束注意力，获得专注的力量

均消费 1750 元人民币左右，但客人还是络绎不绝。

他注重寿司的每一道工序，并将每一道工序都做到了最好，因此，他能够把寿司做到极致，甚至无人能及。他对于做寿司的执著，起源于他对工作的认真态度和坚定信念。在他很小的时候，为了生存下去，他拼命工作，甚至觉得假期太长，希望每天都有工作。

小野二郎对于顾客的重视也到了极致的地步，他会根据顾客的性别，精心安排座位，并且根据就餐的进度，时时改变。同时他把握了每一位顾客用餐的节奏，根据顾客的习惯，适当调整分量。很多顾客说："他观察我们，比我们观察他都要认真。"

小野二郎把心思都放在了寿司上，专注做寿司几十年，最终取得了巨大的成功。他的这种专注，让他排除了杂念，抵制了诱惑，践行了一心想要做好一件事情的诺言。不要认为做一件事情是很轻松的，只要坚持几天就能成功。有这种想法的人，往往会坚持不下去，半途而废。

无论是工作还是学习，都充满了竞争，只有比别人做得更好，我们才能够脱颖而出，成为胜利者。而想要脱颖而出，我们就要专注于一件事并把它做到极致。

在《过去 4 年，逻辑思维给我的 10 点启发》这本书中，逻辑思维联合创始人快刀青衣讲了这样一件小事。当逻辑思维团队在做得到 APP 时，一个客户投诉了一个 BUG，一个工程师收到以后，立刻来测试，可是却怎么也测试不出来，随后，他又拿来了团队所有人的手机，挨个进行测试，依然没有测试出来。

后来这位工程师主动联系了投诉的那位用户，并且说要上门拜访，看一下究竟是什么情况。公司离这位用户的家的距离是20公里，坐地铁最快也要1个小时。这位工程师下了晚班，就立刻去了，回来以后，就把问题迅速解决了。

快刀青衣说："这个BUG出现的概率不到1%，并且也不是核心功能。一位工程师，他完全可以不去理会这件小事情，他完全可以让测试、产品经理、运营去，但他却去了。"

罗振宇说："如果有一件事情我们做不到最好，那我们会选择不做。"我们做再多的事情，如果只是深入浅出，不能专注于其中，把它做精、做到极致，就没有任何意义。

总而言之，我们做再多的事情，如果都做得很平庸，那还不如把大多数事都舍弃，专注于一件事，并把它做到极致。这样我们所获得的收获，要比做很多事情要多得多。

7. 提高你的抗干扰力

领导的办公室里，领导生气地问："你究竟是怎么回事，以前每天都能按时完成任务，为什么最近一段时间，时常完

第七章
约束注意力，获得专注的力量

不成任务？"下属回答说："最近，办公区内的同事们经常讨论问题，我专心不下来，所以才……"

我们处在一个外部环境中时，免不了会受到各种各样的干扰。如果我们的抗干扰能力比较弱，就会受到影响，甚至不能正常做事，相反，那些抗干扰能力强的，非但不会被打扰，反而会更加专注于某一件事。

之前网络上有一个老人，人称"最潮刘老头"，名字叫刘胜，在米兰时装周上大放异彩，却很少有人知道他已经61岁了。他的一生也是波澜起伏，非常曲折的。

他原来是在肉联厂上班的，后来由于公司效益不好，最后被迫下岗了。下岗后的他，本应该再找一份工作赚钱养家的，但他没有这样做，而是不顾众人反对，开始了健身。刚开始的时候，他没有钱买健身器材，就自制。无论条件多艰苦，他都坚持下来了，40年过去了，他终于获得了成功。

我们在做一件事情的时候，有一些人会表现出不理解，主观上认为我们做的是错误的。这些人会认为我们不应该做这件事情，并把他们的思想强加给我们，要求我们信服，并听取他们的话。很多时候，他们打的旗号就是"为我们好"。

为我们好，父母让我们放弃大城市的工作，回到他们所在的城市，陪在他们身边；为我们好，朋友劝我们别创业，老老实实工作；为我们好，同事劝我们别接下这个项目，老实跟在别人身后。而这些"为我们好"的人，往往干扰了我们的专注，使我们半途而废，给我们造成了严重的损失。

马云创建阿里巴巴以后，找很多企业家拉投资，都被拒绝了。因为，他们认为马云的思想太过于超前，超出了他们的想象，是不可能实现的。同样，任正非提出的自研芯片，大多数人也不认可。但他们却专注于自己的事业，无论遇到什么干扰都坚持去做。最终，马云成就了阿里巴巴，成为了年轻人的创业导师。在任正非的支持下，麒麟芯片成为了国人的骄傲，在一定程度上摆脱了外国对国内芯片行业的垄断。

做一件事，在没成功之前，很多人会不理解我们的做法，干扰我们继续坚持下去。我们要提高自己的抗干扰能力，排除他人的干扰，专注于一件事情。有太多不可能的事情，就是因为排除干扰，不在意别人的意见，才做成的。

1950年，被称为"中国导弹之父"的钱学森听到中华人民共和国成立的消息后，决定马上回国。在回国之前，他来到了白宫向他的好友金布尔辞行。当金布尔听到这个消息后，立马通知了国防部。随后，钱学森被逮捕，关押在了一个岛上的监狱里。

经过他的妻子和加州理工大学的营救，在交了保释费以后，他被放回。在监狱的这段时间里，他瘦了30磅。回到家里，他立刻就被软禁了起来，生活上受到了严密的监视。

就这样一直过了5年时间，终于，有一天他的妻子在一张报纸上的一张照片中看到了站在天安门城楼上的陈叔通。由于陈叔通和钱学森的父亲关系很好，而陈叔通当时任全国人大常委会副委员长。

利用这一个来之不易的机会，他把信写在烟盒上，经过辗转到了陈叔通手上，陈叔通立刻把信交给了周恩来总理。

经过长期的谈判，钱学森终于在1955年回到了祖国。

把一件事情做成，是不容易的。需要我们排除一切干扰专心去做，并为之不断努力，战胜一切困难，才有可能成功。因此，我们要不断地提高抗干扰的能力，当我们抗干扰的能力提高了，自控力也就跟着变高了。那么就会增加成功的几率。

想要提高我们的抗干扰能力，就要勇敢对别人说不。随着抗干扰能力逐渐变强，我们将会更加专注于一件事情，并在短时间内显著提高做事的效率。

8. 先定一个目标，然后开启全力攻坚模式

生活中总有这样的一群人，他们往往喊着口号自己要做到什么，比如：你想要拥有一个好身材，可是你心目中身材

好的标准到底是什么呢？是只要变瘦就行了，还是保持体重，让身体更匀称？你不清楚具体的目标就盲目地选择了几种途径：健身、瑜伽、游泳等等，然后迫使自己去做。

办了健身卡，报了瑜伽学习班和游泳课。平时白天上班，晚上健身，周末时间去上瑜伽课和游泳课。坚持了几天或者几周以后，身心俱疲，最后放弃了。

要有一个确定的目标，我们才会有活力、有精力、有希望。如果没有目标，我们只会盲目地做这个、做那个，很难有把事情顺利地完成。给自己制定一个目标，我们就会有奋斗的方向。然后，我们再开启攻坚模式，全力以赴去完成目标，这样，我们就能安下心来，去想办法，专注于把事做好。

孙伟航今年已经 26 岁了，在一家机械制造工厂一个车间里当工人已经三年多了。刚开始工作的时候，还能认认真真地干活。过了半年多，感觉工作内容太简单、无聊了。就整天白天混日子，晚上回到家打游戏，周末跟朋友们混在一起。

两年下来，连自己都养活不了，有时候还得问父母要钱。一天，妈妈来到他的房间里，生气地说："你看你，都多大的人了，经济上还不能独立，还得靠父母。都这么大年龄了，到现在还一事无成。你说你以后怎么办，靠我跟你爸养活你一辈子。"听到这话，他心中被深深刺激了，他立刻

第七章
约束注意力，获得专注的力量

拿起东西，告诉妈妈说："我搬出去住了，我今年一定能当上小组组长。"

他开始认真对待工作，每天提前半个小时到岗。工作的时候，总是细心把每一步都做好，还主动加班。回到家中就躺床上睡觉，周末也不出去跟朋友玩，在家里面看有关工作技能的书。

到了年底，公司总结表彰大会上，领导点名表扬了他，肯定了他的努力，升任他为小组组长。

古希腊的彼得斯说："须有人生的目标，否则精力全属浪费。"古罗马的小塞涅卡说："有些人活着没有任何目标，他们在世间行走，就像河中的一棵小草，他们不是行走，而是随波逐流。"

我们不应该没有目标，无所事事，随波逐流。而是应该专注于一件事，来完成我们的目标，在克服困难中成长，不断提高自己的能力。

目标每个人都会制定，但是目标是否清晰，往往决定着一个人的成败。

哈佛大学进行过这样一个研究，他们以一大批在校生作为研究对象，来研究目标对于一个人的影响有多大，这项研究持续的时间是30年。

哈佛大学根据这一批人的目标的层次进行分类：第一类是没有目标的；第二类是有目标但是目标模糊；第三类是有

短期目标，并且目标清晰；第四类是有长期目标且目标清晰。

三十年过去了，哈佛大学对这一批人进行调查发现，第一类人生活在生活的最底层，并且经常遭遇失败和挫折。第二类人生活在社会的中下层，为了自己的生活往往是疲于奔命。第三类人大多数人都成为了白领，生活在社会的中上层。第四类人，这些人都是有清晰并且长期目标的，通过自己的努力坚持工作或者创业，大多数都成为了社会中的精英或者是老板。

因此，我们要给自己确立一个清晰、明确的目标。有了这样的目标，无论时间有多长，达到目标的路有多艰难，我们也会专注于其中，并实现目标。

当然，我们每个人的能力和天赋是不一样的，在一个领域所能达到的高度也是不同的。我们要根据自己的能力，为自己制定合适的目标，目标也不是越大越好。

我们制定的目标同时要有一定的挑战性，轻易就能够达到的目标，往往会让我们放松警惕，做起事情来不认真对待，不专心，也不去努力。而制定一个具有一定挑战性的目标，当我们心里清楚，这个目标需要我们努力一些，才能实现。我们的进取心就会被激发出来，带动我们的激情行动起来，专注于做事，提高效率。

当我们想要把事情做好时，我们不妨给自己制定一个清晰的、具有一定挑战性的目标。这样我们就能为实现这个目标，而专注起来，做起事情来就更容易进入状态，而不会在那些无关紧要的事情浪费时间。

9. 小心，别中了"那又如何"效应的毒

生活中我们常常见到这样的现象：那些一时兴起，参与赌博的人，输了很多钱以后，看看自己还剩下的钱。往往会"破罐子破摔"，直到把自己的钱输完为止。

而这些赌徒想要赢钱的计划落空后，他们往往不会把损失降到最低，不再参与赌博。而是会想：那又如何，反正输了那么多了，索性把剩余的钱都输光。

导致赌徒在最后将所有的钱都输光的根本原因在于，他们在第一次输钱以后，内心产生了羞耻感、罪恶感、失控感和绝望感。一旦他们无法走出循环，就会继续做下去，直到完全没办法为止。

从放纵、后悔到更严重的恶性循环，在心理学上称之为"那又如何"效应。

"那又如何"效应被称为世界范围内意志力的最大威胁之一。当我们对我们的意志力进行挑战时，一时的放纵，会导致恶性循环。

没有自控力，你谈什么人生

当我们在做一件事的时候，经受过一次失败后，如果我们陷入"那又如何"效应的恶性循环中。我们将没有办法集中注意力去专心做这件事，事情只会向更坏的方向发展。所以，我们要避免陷入"那又如何"效应中，专注于一件事。

2005年《仙剑奇侠传》热播，胡歌凭借剧中李逍遥一角迅速走红。接着第二年《天外飞仙》热播，胡歌已经积聚了超高的人气，在娱乐圈的地位迅速上升。

2006你那8月29日晚，胡歌从横店赶往上海。当他乘坐的商务车行驶到沪杭高速嘉兴段时，发生了追尾事故。当时的胡歌右眼遭受重创，右边脸血肉模糊，当时就失去了知觉。那时候的他最担心的就是毁容，这对于一名演员是巨大的打击。

经过了一年多的治疗以后，他的容貌渐渐恢复。2013年，他出演了两部话剧，让他获得了第二届丹尼国际舞台表演艺术最佳男演员奖。2015年，由他主演的《琅琊榜》热播，收获了无数粉丝，更是获得了白玉兰奖最佳男演员奖。

每个人难免会遇到挫折、困难、失败，我们不应该自暴自弃，放弃自己，任由自己往更坏的方向发展。不要轻易放弃自己的事业，学会直面困难，并战胜它，且更加专注于其中。

当然想要从困难中顽强地走出来也并不容易，需要我们有足够的自控力，控制自己不被坏情绪所控制，保持自信，

第七章
约束注意力，获得专注的力量

相信自己能够克服困难，走出困境，取得突破。并且积极地行动起来，用行动去践行自己的目标。

如何才能提升我们的自控力呢？以下几点对我们有很大的帮助：

第一，自我原谅。生活中，很多时候，我们遇到困难和挫折，大多是因为一个小小的失误。比如由于我们计算失误，导致一批零件都不合格。需要重新生产，所有人都得跟着加班。此时，我们会自责，自我批评，甚至是不能原谅自己。

谁都不能保证永远不犯错误，所以不必为了一个错误而耿耿于怀、自暴自弃。学会原谅自己，可以在心里设想这件事如果换做是别人来做，可能也会犯这个错误。既然已经犯下错误，再怎么自责也没用，还不如把时间用在弥补上呢？

自我原谅，能够避免让我们陷入到"那又如何"的效应中去，把关注点放在一件事上，专注于一件事，并完成它。

第二，学会放松。我们遇到困难、挫折、失败的时候，情绪会变得非常激动，很容易失控，如果此时盲目地做出自己的决定，往往是消极的决定，事情会往坏的方面发展。此时，我们也根本听不进去别人的意见和建议，最好的办法就是，先把事情放下来，让自己放松一下，比如和 杯茶；跑跑步；趴下休息会等。当情绪变得稳定以后，再选择做出应对的办法，更加明智。

通过多次这样的情况以后，我们在面对困难、挫折、失败时，就能控制自己的情绪，从容做出积极的决定。

"那又如何"是处理一件事时最消极的应对策略，这种消极的心理只会让我们更加失败。我们要逃脱出"那又如何"陷阱，用积极的态度，应对所遇到的任何困难，提高我们的自控力，让我们专注做一件事，把它做好。

第八章
更新自我，拒绝被坏习惯"绑架"

第八章
更新自我，拒绝被坏习惯"绑架"

1. 暴躁：温和的态度更有力量

领导："为什么不按照我给你说的去做？"

下属："我感觉我能说服这位客户。"

领导："那你是觉得你的能力比我还强了！"

下属："我不是这个意思。"

领导："不是这个意思，你就自作主张，不听领导的话，你是不是不想干了，不想干了，直接走人。"

下属：……

处在职场中的很多人应该都遇到过这样暴躁的领导，根本就听不进去下属的解释。只要稍微不按照领导的意思去做，就会被骂得狗血淋头。

不只是在职场，生活中，我们每个人周围也有不少脾气暴躁的人。他们总是控制不住自己的脾气，动不动就火冒三丈，摔杯子砸碗，把人吓个半死。

没有自控力，你谈什么人生

暴躁的人总是看不惯别人或是别人的做法，受不了生活中的一些事，没有耐心，爱发脾气。当他们遇到事情的时候，总是不能理智对待。这是因为脾气暴躁的人，潜意识里感受到危险可能到来的时候，就会做出应激抗争的反应。而他们脑中所感受到的危险可能是并不存在的。

如果一个人对整个世界都充满了不安全感，对任何人都持怀疑的态度，随时都在无意识地做着应激准备，那么这个人的身体就会变得僵硬，神经就会紧绷，很容易体验到由此带来的焦虑、心慌等。他们没有办法跟其他人建立亲密的关系，随时准备着反抗。一旦他们觉得有危险的时候，就会调动身心能量，启动应激机制，想要喝退"敌人"。

自控力不强的人，当他们感觉到似乎有危险存在时，在高度紧张的情绪情况下，他们就会难以控制自己。此时，发泄就成了他们唯一可走的路，局面也就因此而逐渐失控。呵斥、谩骂、诋毁，这些话语会深深地刺痛承受者的内心，不仅伤害了他人，也伤害了彼此间的关系。

因此，我们要提高自己的自控力，在即将爆发脾气的时候，能够有效地控制住自己的情绪，使自己平静下来，用平常心对待别人，这样往往能够避免与他人发生冲突，使交流变得更加顺畅。有时，在遇到对方犯错时，我们能够通过自控力控制自己，不至于暴躁地呵斥别人，会取得意想不到的

第八章
更新自我，拒绝被坏习惯"绑架"

结果。

被人们称为石油大王的洛克菲勒，他创建了标准石油公司，贝特福特是他的助手。有一次，贝特福特因为自己的失误，致使公司在南美的投资遭受了巨大的损失。面对惨败，他的内心充满了难过和自责，他觉得自己对不起洛克菲勒对他的信任。

当他回到公司见洛克菲勒时，不敢抬头说话，总是躲躲闪闪。但是，洛克菲勒并没有发脾气，不但没有痛骂他，反而还表扬了他，夸奖他保住了公司60%的投资，已经做得相当出色了。

当贝特福特听到这些话以后，非常感谢洛克菲勒的宽容和大度，他暗下决心，一定要把损失补回来。在日后的工作中，他全身心投入工作，在公司日后的发展中，立下了汗马功劳。

如果当洛克菲勒听到贝特福特投资失败以后，不能控制住自己的情绪，暴躁起来，一定会把贝特福特狠狠骂一顿，甚至把他赶出公司。即使不赶走，也会损害他们之间的关系，贝特福特也不会快速调整状态，为公司卖力工作。

控制暴躁，不仅对自己的身体有益，而且能够让他人感受到我们的大度和宽容，收获人心，得到他人的信任和认可，无论是在工作还是生活中，对我们都是百利而无一害的。

而那些容易暴躁的人，其实只要找对原因，对症下药，都是可以通过提高自己的自控力，改掉暴躁这个坏习惯的。暴躁的形成主要有以下几个原因：

原因一：压力过大。生活中，我们面临着房贷、车贷等，这些时刻压迫我们的神经，使我们一刻都不能放松；工作中，领导安排的任务，害怕完不成、做不好。这些都是给我们带来压力的原因。长期生活在这样的环境下，就很容易动不动就生气、发脾气，形成暴躁的坏习惯。

原因二：睡眠不足。我们在生活和工作的压力之下，需要考虑的事情越来越多，白天忙忙碌碌，到了晚上就思来想去，总是睡不着觉，休息不好，白天没有精力，遇到什么事情都觉得不顺心，渐渐地就形成了暴躁的坏脾气。

原因三：心胸太过于狭窄。心胸狭窄的人，往往容易嫉妒别人。当看到别人比自己优秀，获得的成就比自己高时，内心就会不平衡，总想发泄出来。哪怕是受到外界一点点刺激，也会爆发出来。

原因四：长时间吃垃圾食品。科学研究发现：人体中有一种"$\Omega-3$"的脂肪酸，长期不健康饮食，吃垃圾食品，会导致大脑中缺少这种脂肪酸，这样大脑就失去了灵活性，控制情绪的能力随之就会受到严重的影响，导致暴力倾向。

我们可以提高自控力,控制自己的睡眠时间,保证充足的睡眠,这样工作效率就有了保障。再加上我们合理控制自己的饮食,健康饮食,控制自己的欲望。这样我们就能在很大程度上改掉暴躁的坏习惯。

当暴躁的坏习惯离我们越来越远,生活中的更多美好将被我们发现,我们将会有更多的时间和精力去了解这个世界,更好地服务于这个社会。

2. 生气:别再拿别人的错惩罚自己

男:"都两天了,你怎么还不理我呀?"

女:"谁让你惹我生气了,就是不理你。"

男:"我都给你道歉了,两天了你也该消消气了。"

女:"气大了。"

这是一对小情侣,互相发的牢骚。因为一点小事,两个人互相赌气。

社会中,那些容易生气的人,在与人交流的过程中,对方无意的一句话,就会惹到他,导致他生气。最后,两个人闹得不欢而散,影响彼此间的关系。

爱生气的人,往往自以为是。他们总是认为自己想的、说的、做的，都是对的，别人只要跟自己不一样，就是故意跟自己过不去。这样，他们就变得爱跟别人争辩，争辩成功了，说服别人了，就不生气；如果没有说服别人，就会觉得自己吃亏了，受委屈了，就会生气。

几乎所有的人，都希望自己与他人的交流可以顺畅、随心、快乐。人们更愿意跟情绪稳定的人交流，不愿意跟爱生气的人交流。面对爱生气的人，往往得小心谨慎，说话都得经过详细的思考，思考将要说出的话，会不会让对方生气。这样就使交流变成了一种负担，变得不再轻松，这是每个人都不愿意面对的情况。

爱生气的人，不但难以拥有稳定的情绪，想法也往往让别人猜不透，当他们无缘无故地生气后，不仅影响双方的心情，有时候甚至还会因为太过于激动，导致双方产生更加严重的暴力倾向，后果不堪设想。

自控能力强的人，往往能够压制住自己内心的火气，听取别人的意见和解释，衡量利弊，采取积极的应对策略。那些非常成功的人，往往待人友善、亲切，不会轻易跟人生气，也因此得到了别人的尊重。

美国著名实业家菲尔德，曾率领工程人员，准备用海底电缆把欧美两个大陆连接起来。许多人都为他的壮举欢呼雀跃，称他为"两个世界的统一者"。那时，他是美国最受尊

第八章
更新自我，拒绝被坏习惯"绑架"

敬的人。

但就在盛大的接通仪式上，刚刚被接通的电缆传送信号就发生了中断，此时，人们的态度发生了180度大转变，之前的欢呼雀跃变成了愤怒和谩骂。对于这些，菲尔德只是淡淡一笑，没有生气，也没有做任何解释，而是继续刻苦工作着。

终于，经过多年的努力，欧美大陆之桥最终通过海底电缆被架起。在庆典会上，菲尔德没有上贵宾台，只是远远地站在人群中观看。

即使菲尔德受到误解，被别人质疑，甚至遭受到谩骂时，他依旧可以保持平静，不让自己生气。因为他明白，面对情绪激昂的众人，不管说什么也无济于事，没有人听得进去。与其生气地和人们针锋相对，还不如自己受点委屈，让局面在可控的范围之内。

当我们生气时，心情会变得很低落，长期处于情绪低落，对我们的身心有着巨大的伤害。不生气，我们就能保持良好的心情，不影响以后的工作。如果菲尔德生气了，从此放弃了继续工作，那将会是多大的损失。

"时间就是生命，时间就是金钱。"浪费时间就等于是浪费我们的生命和金钱。当我们因为一件小事而大发雷霆时，浪费的时间是很多的。我们可以利用这些时间，去做更多有意义的事情，或许还会因此作出一些成绩。

生活中，我们也会遇到类似的问题。当我们受到别人的质疑、谩骂时，我们能否像菲尔德一样，控制住自己的不满，不去针锋相对呢？这就需要我们拥有很强的心理承受能力。

心理承受能力，能够通过训练获得。在训练我们的心理承受能力时，需要我们提高自控力，面对别人的恶意攻击、得到不公正的待遇、别人的意见与我们的不同等情况时，要控制住我们的情绪，不要让其失控。

提高我们的心理承受能力，改掉爱生气的坏习惯。我们可以通过以下几个方法来实现。

方法一：记笔记。在遇到不公正待遇时，我们心中非常气愤，但通过自己的自控力，控制住了自己。但是，心中还是有气，此时要将心中的气释放出来。记笔记就是一种很好的办法。把那些令我们生气的事情写出来，当我们写完以后，心情自然也就会变好了。每次遇到生气的事情，就把它记录在笔记本上，通过长期坚持，渐渐地，再遇到生气的事情，就不那么生气了。

方法二：找朋友诉说。当遇到一些事让我们生气时，我们可以找朋友诉说。当我们把自己心中的不满说出来以后，心里就会舒服很多。再加上朋友的开导，对于那些想不明白的事情也渐渐放下心结，明白生气是不能解决问题的。

方法三：主动道歉。每个人都会有犯错的时候，而当我们犯错的时候，自己不一定能及时意识到，这样就会跟别人发生争执。事后一旦我们明白是自己的错时，要及时地找到对方道歉。当我们感到心中有愧时，自控力就会提升，以后，在遇到事情的时候，就会多思考，不至于动不动就生气。

生气的坏习惯，只会让我们更加容易情绪失控，给自己和他人带来伤害。改掉这个坏习惯，我们的生活将会变和谐、快乐。

3. 自大：清醒地认识自己的实力和处境

社会中，有这样一群人，他们往往觉得自己的能力特别强，任何事情，离开了他们就不能够完成，别人只有依赖他们才能获得成功，他们常常把所有的功劳都往自己的身上揽，这就是自大。

自大的人往往目中无人，在他们的眼里，什么人都不如他们，同样他们也对任何人都不服。在和别人争执的时候，总是表现出盛气凌人的样子，即使实力确实不如别人，也并不会承认，更不会示弱。

形成自大的坏习惯，通常有以下几个阶段。第一个阶段：通过自身的努力，取得了一定的成果。第二个阶段：开始对自己盲目自信，夸大自己的能力，目光开始变得狭隘，不懂得"天外有天，人外有人"这个道理。第三个阶段：周围人的奉承。

经过这三个阶段的发展，一个人就形成了自大的坏习惯。人一旦形成自大的坏习惯，就容易变得骄傲，做起事情来也会变得浮躁。结果，往往因为自己的疏忽大意，把事情搞砸，给自己造成不可挽回的损失。当自己悔悟的时候，一切都来不及了。

那些自控力强的人，即使他们取得了很大的成就，也能够控制自己的自满情绪，不至于让自满情绪蔓延。他们往往会虚心接受别人的意见，不断地完善自我，不断朝更高的方向前进。

我国著名画家徐悲鸿成名以后，在国内举行一次画展，当他正在画展上评议作品时，一位乡下老农上前对他说："先生，您这幅画里面的鸭子画错了。您这幅画里面画的是雄麻鸭，雌麻鸭尾巴哪有这么长的？"

当时，徐悲鸿展出的是《写东坡春江水暖诗意》，这幅画中的麻鸭的尾羽长且卷曲如环。这位老农随后告诉徐悲鸿，雄麻鸭羽毛鲜艳，有一部分尾巴卷曲；雌麻鸭的羽毛是呈现麻褐色的，并且尾巴非常短。

第八章
更新自我，拒绝被坏习惯"绑架"

徐悲鸿欣然接受了批评，并向老农表达了深深的谢意。

韩愈在《师说》中写道："孔子曰：三人行，则必有我师。是故弟子不必不如师，师不必贤于弟子，闻道有先后，术业有专攻，如是而已。"这句话的意思是：三个人一起走，那一定有我的老师，所以，学生不一定不如老师，同样老师也不一定就比学生强，懂得的道理有先后，钻研的领域各有不同，仅此而已。即使一个人的能力再强，也不可能什么都能做到，要时刻保持谦逊。

孔子被称为"圣人"，韩愈被称为"唐宋八大家"，他们之所以如此谦逊，是因为他们懂得一旦自大，他们便会停滞不前，不能再以积极的姿态去学习，不能让自己不断提高，甚至会变得愚昧无知。

所以，我们不应该因为自己的一点成就，而感到骄傲，进而变得自大。我们要提高自控力，控制住自己的自满情绪，使自己变得谦逊。

谦逊让人看清现实，不盲目。当中兴事件发生以后，网友们都为华为有麒麟芯片而感到骄傲和自豪时，华为总裁任正非则表示，华为目前的芯片技术跟高通还有很大的差距，还需要继续努力。任正非也用自己的行动证明了自己的努力，他一心钻研技术，保持谦逊和低调，最终把华为公司打造成了一个让美国都忌惮的公司。

谦逊不招致嫉妒。取得了一定的成绩以后，我们如果就此骄傲自大起来，非常容易招来别人的嫉妒。当别人的嫉妒之心形成以后，就会对我们产生怨恨，进而会采取一定的手段来打击我们，给我们带来不必要的麻烦。

当然，我们想要改掉自大的坏习惯，变得谦逊，就要控制我们的自满情绪。我们可以通过以下几个方法来控制自满情绪。

方法一：多和优秀的人接触。大多数自大的人，往往把自己的对比对象放在自己周围这个狭小的范围之内，我们要放宽眼界，不要让自己的视野变得狭小，应该走出去，多和优秀的人接触，接触到新的世界，往往就能发现一些自身的不足，从而摆脱骄傲自大的心理。

方法二：多给自己一些挑战。轻轻松松就能把一件事情做好，往往能够助长我们的自满情绪。我们要给自己多定一些具有挑战性的目标，而在实现这个目标的时候，很大程度上，会遇到困难和挫折，当我们经历过一些挫折和失败以后，自满的情绪就会逐渐消失殆尽，自然也就不会那么自大了。

改掉自大的坏习惯，我们将更加清醒地认识自己，把握好自己的实力和处境。不断地向前努力，我们的未来将会变得更加光明、更加有奋斗的希望。

4. 冲动：保持清醒理智的头脑

每个人周围几乎都存在这样一种人，他们很容易受到外界的刺激，即使是我们认为很平常的事，他们也受不了，容易冲动，做出一些"傻事"。

冲动是行为系统不理智的各种表现，是人的情感特别强烈、基本不受理性控制的一种心理现象。其具体表现是：爱冲动的人，一般情绪反应比较简单，自身缺乏一定的幽默感，不会跟别人开玩笑，即使是自己满意的事，也表现为沉默不语。而对于自己不满意的事，就会通过发脾气、吵架的方式解决。他们一发火就变得不可控，骂人、砸东西，甚至会打人，听不进去任何人的劝告，冲动起来什么事都干得出来，事后却后悔不已。

冲动的产生有以下几个重要原因：

（1）外界环境的强烈刺激。人与人接触的过程中，难免会产生一些小矛盾、小误会，这是无法避免的。当遇到这种情况时，那些自控力不强的人，此时很容易出现意识偏颇，自己的中枢神经很难通过有力的调节控制自己的语言举止。结果，对别人做出一些出格的言行，带给别人伤害。比如我们遭到误解的时候,去辱骂他人,受到侮辱以后,动手打人等等。

(2)长期的怨恨、愤懑郁结在心中。每个人都有自己的一套对世界的认知理念,而别人如果违背了他们的认知理念,并触碰到他们的底线时,他们心中就会产生怨恨、愤懑。如果这种糟糕的情绪,长时间得不到排遣,留在心中越积越多时,只要外界稍微一刺激,就会瞬间爆发出来。比如我们在公司工作,领导整天让我们干一些跟工作无关的事情,并且还不时地嘲讽,一段时间以后,受到嘲讽的人一定会在某个时候爆发出来。

(3)自以为是,容不得一点冒犯。生活中,有这样一些人,他们自称眼里揉不得沙子,遇到任何对不起他的事情、或者不公平的事情都会瞬间生气,并且发起反击。

冲动能够发泄心中的情绪,把自己从情绪的牢笼中释放出来。但不分青红皂白,根本不把真相搞清楚,或是因为一点鸡毛蒜皮的小事就生气,这些人往往被称为鲁莽的人。大数据证明,人在生气的时候,做出的决定有80%以上都是错误的,会让自己后悔。

冲动并非没有办法得到有效控制。那些自控力强的人,在受到外界强烈的刺激之下,依然能够控制自己的情绪,不让自己被情绪左右,冷静应对事情。即使自己心中产生了不

第八章
更新自我，拒绝被坏习惯"绑架"

满，也会压制住内心的波动，通过各种方法，合理地释放心中的不满情绪。他们往往也并不会自以为是，即使别人冒犯了自己，也能冷静应对，选择合理的方式解决冲突。

那些有非凡成就的人，大多有超强的自控力，他们能够随时控制住自己的情绪，不让自己冲动，从而做出正确的抉择，圆满完成任务。

公元234年，诸葛亮亲率十万大军发动第六次大规模的北伐战争。这年四月，他率领大军到达了陕西眉县北，把自己的营寨安在渭水南边。司马懿吸取前一次的教训，采取防守策略，坚守不出，以此来消耗蜀军的锐气。司马懿与诸葛亮在渭水两边进行对峙。

远道而来的蜀军根本经不起这样长期的消耗，粮草供应已经出现艰难的状况。诸葛亮心急如焚，希望与魏军速战速决。可是，司马懿就是不出来迎战。于是，诸葛亮想出了一个计谋，他命令手下，把一身女装送给了司马懿。当司马懿收到以后，并没有生气，反倒是命令自己的手下给他穿上。

诸葛亮始终没能让司马懿主动求战，此次北伐也只能以失败而告终。

试想一下，如果司马懿在受到诸葛亮的羞辱以后，变得冲动，带兵决战。那么正中了诸葛亮的计谋，战争的胜败也许就很难说了。

不冲动能帮我们看清别人的意图。现实中,处处充满了竞争,在和别人竞争的过程中,当你表现得非常冷静时,反而不会给对手留下破绽。此时,对手就会紧张,会想办法刺激你,让你冲动。当别人刺激你时,你也能看清对方的意图了。

冲动是相当不明智的,它往往会让我们陷入失败的深渊。我们应该避免冲动,让理智代替冲动。这样我们遇到事情的时候,才能变得冷静,才能把事情考虑清楚,从而做出正确的决定。

我们要保持清醒的头脑,遇事冷静,不要冲动。这就需要我们做到以下几点:

第一点:学会考虑后果。大多数人容易冲动,是因为他们根本不去考虑后果,完全被情绪控制。所以,我们要提高自控力,就要学会思考后果。当我们情绪激动时,想一下如果冲动后结果会是怎么样,自己会得到什么,会失去什么。这些考虑到了,我们也就不会那么任性、冲动了。

第二点:多提升自己的能力。当能力撑不起梦想时,我们就容易冲动,也容易受到外界的刺激。当我们有足够的能力,在遇到一些棘手的事情时,有能力处理,我们也不会冲动了。

第三点:冲动一次,惩罚自己一次。人的自控力越锻炼越强。如果我们每冲动一次,就惩罚自己一次,比如冲动一次,罚跑两千米。渐渐地,就能在我们的脑中形成一个记忆:冲动就要受到惩罚。次数多了,控制力也就变强了,也就不会那么容易冲动了。

改掉冲动的坏习惯,我们处理事情就会变得得心应手,变得成熟起来。

5. 自私:懂得分享,你将会得到更多

日常生活中,我们时常能够见到这样一群人:什么都跟别人争,贪得无厌,是自己的东西必须要,不是自己的东西也想要。我们把这样的一群人称作自私的人。

自私是一种非常普遍的心理现象,它广泛存在于社会中。自私指的是只顾自己个人的利益,抛开甚至损害他人、集体、国家的利益,只想满足自己的私欲。

自私的人最明显的特征就是:以自我为中心,吝啬、敏感、冷酷、无情、多疑等等。通常表现在以下几个方面:

第一,自私的人往往对别人漠不关心,只对自己异常关注。

第二,自私的人非常喜欢占小便宜。当他们获得意外收获的时候,会异常兴奋。贪图利益,在跟别人发生利益纠纷

的时候，会为了占便宜，锱铢必较，完全不在乎别人的眼光和评价。

第三，在自私的人眼里，根本没有任何感情，他们不会为了感情而牺牲自己，在他们眼里最重要的就是利益，情感冷漠。

第四，自私的人大多比较敏感，并且常常对别人持怀疑的态度。在他们的思维中，总觉得别人想占自己的便宜，所以会处处设防，步步谨慎，经常以小人之心度君子之腹。

第五，"不吃亏"就是他们生活中的最高哲学。如果吃了一点小亏，他们就会想尽一切办法，从其他人的身上赚回来，哪怕是自己的朋友也不能幸免。

第六，自私的人缺少真正的朋友。朋友在相处的过程中，需要互相帮助、互相奉献，这样才能成为真正的交心朋友。而自私的人，往往不会奉献自己，他们目光短浅，心胸狭隘，并常常嫉妒别人，也常常嘲讽别人。所以，他们是很难交到真正的朋友的。

自私的形成会经历这样一个过程：首先，别人的溺爱和纵容，会促使一个人的欲望越来越大，比如员工利用职务之便，把公司的钱据为己有。领导知道后，觉得钱的数量很小，不值得追究，就没有追究。然后，这些人就越来越无法控制自己的欲望。最后，自私的欲望填满了整颗心，酿成大祸。

第八章
更新自我，拒绝被坏习惯"绑架"

自私是自我价值观歪曲的体现，他们把"损人利己、损公肥私"作为自己的行事原则，而把"人人为我、我为人人"的社会价值观抛弃，为了一己私利，甚至不惜众叛亲离。

提高我们的自控力，控制住自己的欲望，当我们的贪欲变得越来越小时，自然就不那么自私了。自私的人只会在短时间里获得利益，从长远来看，他们将会失去更多。相反，那些聪明的人，往往能够控制住自己欲望，舍弃自己一时的利益，反而会得到更多利益。

20世纪30年代，有一位非常想发财的年轻人，整天脑子里想着怎样才能发财，成为百万富翁、千万富翁、亿万富翁。

于是，他拿到了当时的美国富豪榜，看到了排名第一的美孚石油公司洛克菲勒。一天，他找到了洛克菲勒家里，按响了门铃。非常巧，洛克菲勒刚好一个人在家。他打开门，询问这个人的姓名，年轻人说："您好，我是一个非常想上进的人，想和你讨教一下，如何才能成为亿万富翁？"

洛克菲勒听到这话以后，请这位年轻人进去。进到屋子里面后，洛克菲勒对年轻人说："今天我家佣人都放假了，我要招呼你的话，也不知道相关的东西在哪？现在有一个西瓜，就用它来招待你吧。"接着，只见洛克菲勒把西瓜切成了大小不等的3块，他对年轻人说："如果这3块西瓜代表你以后可能得到的不同利益，你如何选择？"

年轻人很快地选择了那 3 块西瓜中最大的一块,吃了起来。洛克菲勒却选择了最小的一块吃了起来。就在年轻人吃着那一块大西瓜时,洛克菲勒已经拿起了另外一块吃了起来,吃完以后,洛克菲勒笑了起来。

年轻人恍然大悟,惭愧得不知道该说什么。

自私的人,往往总是和别人争,尽可能地获取到更多利益,在短时间内,他们看似获得了巨大的利益,同时,他们也在慢慢地失去更大的利益。只有懂得取舍,学会适当退让,才有可能在以后的时间里,获得更大的利益。

华为公司总裁任正非曾经说:"不要自己赚了 100 块钱,还不愿意给别人 10 块钱。当你失去一员干将时,你也可能只能赚 30 块钱了。"当我们把自己的利益最大化以后,就会损害到别人的利益。当别人的利益受到损害以后,反过来也会损害我们的利益。社会中的利益关系是互相连接的,所以我们一定要控制住自己的贪欲,拒绝成为一个自私的人。

正是因为考虑到集体的利益,任正非才决定不上市,把公司的股份分给大部分员工,让公司获得的利益,让每一位员工都得到应有的利益。这是这个原因,华为每一位员工才有更强的奋斗精神,并成就了伟大的华为公司。

远离自私,懂得跟别人分享自己的利益,你不但会得到更多,也会因此变得更加快乐。

6. 自卑：自信一点，你不必任何人差

"我看还是算了吧，我不如人家，还是让人家来吧。"社会中，有这样一群人，总是感觉自己不如别人，做起什么事情对自己都不自信，总觉得比不过别人。这种心理被称为自卑心理。

自卑心理是一种非常复杂的情感，它包括不能自助和软弱。A·阿德勒对自卑感有其独到的解释，被称为自卑情结。他认为自卑情结有两种相联系的用法：第一，自卑情结是指一个人认为自己或者是自己所在的处境跟别人有差别，不如别人的自卑观念为核心的潜意识欲望、情感所组成的一种复杂心理。第二，自卑情结指一个人由于不能或不愿意进行奋斗而形成的文饰作用。

自卑的人总表现出对自己的能力、品质评价过低，情绪变得非常低落，并且时时会表现出诸如害羞、不安、内疚、忧郁、失望等。其具体的表现在以下三个方面：

方面一：特别敏感。内心自卑的人，往往会表现出过分敏感，自尊心特别强。他们往往认为自己是弱势群体，并且希望能够得到别人的关注和重视，害怕被人忽视，过分看重

别人对于自己的评价,任何与他们有关的负面评价,都会导致他们的内心激烈冲突,甚至扭曲别人的评价。比如本来我们是真诚地夸奖他,而他却认为我们是变相地贬低他。

方面二:心态失衡。在社会中,由于各种原因,在竞争过程中,会产生一些弱势群体,是他们在社会中的各个方面都体验不到自身的价值,甚至还会遭到其他弱势群体的厌弃。从而完全丧失了自我价值体验,导致他们的心态失去平衡。

方面三:情绪化。自卑的人表面上逆来顺受,内心中却积聚了大量的负能量,随时都可能爆发出来。他们缺少应对的能力,无法控制住自己的情绪,最终,将负面情绪完全爆发出来,造成严重的后果。比如一些员工,长期得不到领导的认可,就会做一些背后说领导坏话、故意把任务搞砸之类的事情。

自卑形成的原因非常复杂,其主要形成的原因有以下几点:

第一,对自我缺乏正确的认识。自卑的人之所以变得越来越自卑,就是因为他们对自己的能力越来越不自信,看不到自己真正的优点,只看到自己的缺点,把自己的缺点无限放大,结果造成越来越自卑。

第二,家庭原因。每个人生来家庭就不一样,有的人家庭条件优越,而有的人家庭条件则不是那么好,甚至非常

第八章
更新自我，拒绝被坏习惯"绑架"

差。而经济条件比较差的人，往往觉得自己是无依无靠的，所以，他们会感到自卑、无助。

第三，成长经历有关。每个人在成长的过程中，会经历很多事情，经历不同的事情，影响也会不同。如果在成长过程中，受到精神上重大打击，就非常容易形成自卑的心理。

第四，性格特点。每个人的性格不一样，对世界的看法也就不一样。那些忧郁，不善于表达的内向性格，遇到问题不善于自我调节，时间长了以后，非常容易变得自卑。

一旦，一个人形成了自卑的坏习惯，就很难再找回自信，做起事情来也会惶惶恐恐，不能把事情做好。我们要走出自卑，重新认识自我，保持积极的心态，努力向上，这样才有利于我们以后的发展。

改掉自卑的坏习惯，就要提高我们的自控力，控制自己的情绪，让自己的情绪变得积极起来。即使是暂时不如别人，也并不因此而感觉到低人一等。而是，情绪高昂、积极奋斗，争取超越别人。

当我们通过自己的努力，做到一个又一个目标后，自信心就会逐渐增强。直到我们的自信心足够支撑我们的梦想时，也就不会再自卑了。

央视著名主持人白岩松，年轻的时候是一个非常自卑的人。当年，他从偏远的小镇，考进北京的大学。开学第一天，邻桌的女同学问他是从哪里来的，他没有说话。每次照相，他都有意识地戴上墨镜，以此，来掩饰自己的自卑。从此，他开始不愿跟别人交流，变得冷漠。

时间久了以后，他觉得这不是一个好办法，他明白想要让人生过得精彩，就要勇敢面对自己。他渐渐地开始面对自己，重新找回了自信。

经过不懈的努力，他成为了一名著名的主持人，现在的他那么洒脱，那么自信。

自信起来，我们才能更积极地面对自己的不足和缺点，并积极地去努力，让自己变得更强，只有这样我们才对得起自己的未来。让我们不断地进步，成为更加优秀的人，而不是一直活在自卑中，逐渐失去奋斗的激情，永远活在别人的阴影之下，走不出来。

走出自卑，我们可以尝试提高自控力，控制自己不跟别人比较，只跟自己做比较，把今天的自己看作的对手，通过不断地战胜今天的自己，慢慢地建立起自信，当我们找回到自信以后，再跟比自己更优秀的人进行比较，这样我们就不会再感到自卑了。

我们还可以控制自己，让自己忙起来。当我们专心于所做的事情时，心中就不会有杂念，不会想太多别的事，此时，自然也就不会再有自卑的心理了。

第八章
更新自我，拒绝被坏习惯"绑架"

自卑并不可怕，可怕的是我们永远不愿走出来。我们只有能够提高自控力，走出自卑，才有可能拥有灿烂的一生。

7. 浮躁：静下心来做好一件事

现在社会中的年轻人，看到周围的人"发达"了，就开始坐不住了，渴望自己也能够迅速成功，一夜暴富，成为有钱人。但他们却耐不住自己的性子，做什么事情都着急，沉不下心来，还没做好一个工作，就开始做另外一个工作，结果什么都做不好，使得心里更加着急，却拿不出任何解决的办法，这就是浮躁心理。

浮躁心理在心理学上被定义为：一种冲动性、情绪性、盲目性相交织的病态社会心理。内心浮躁的人，通常会表现出以下几个明显特点：

（1）心神不宁。面对不断变化的外部环境，既渴望得到成功的机会，同时又迷茫不知所措。大多数人会渐渐地丧失积极性，变得颓废，心神不宁。

（2）焦躁不安。自己想要快速成功，盲目去做一件事后，心里又担心会不会失败，内心始终处于起起伏伏，变得躁动不安。

（3）盲目、冒险。在强烈的成功欲望驱使之下，即使那些胆小的人，往往也会破釜沉舟，盲目地去行动，缺乏冷静思考，只要能够快速赚到钱，什么事情都敢尝试。

现在社会中大多数年轻人都比较浮躁，背后的原因值得深思。这其中的原因有：

原因一：信息技术的快速发展。在当代社会，信息技术高速发展，网络技术的发展使创业成本变低，并且大大促进了成名速度。当许多人依靠互联网迅速创业成功，或者出名，轻轻松松就能赚到钱。很多人羡慕不已，都想借助于互联网迅速成名、成功。正是由于这种现象，让社会中的年轻人变得浮躁。

原因二：社会中激烈的竞争压力。在生活中和工作中，到处存在着竞争，稍不注意，就会被别人超越，甚至是淘汰掉。因此，大多数人长期处在压力之中，想尽一切办法，去超越别人，故意耍小聪明，从而使自己变得浮躁。

原因三：没有营养的快餐文化。现代人阅读的时间变得越来越少，只能利用大量的零碎时间去阅读。这就为那些自媒体作者提供了发展的机会，为了迅速地赚钱，他们往往盲目地追求热点，而大多数热点都是负面的，导致大量负能量充斥着我们的阅读。这就导致人们对社会抱怨，抱怨社会的不公，但抱怨过后，也无能为力，只能接受现实，让自己变

第八章
更新自我，拒绝被坏习惯"绑架"

得越来越浮躁。

我们之所以摆脱不了浮躁的控制，从根本上来说，是因为我们的自控力太差，不能抵制外界的诱惑，容易受外界的影响和干扰，自己的内心平静不下来，总是着急，做事心急火燎，不能根据自身的情况，给自己定一个合理的规划，然后，按照自己的计划和步伐，一步一个脚印，踏踏实实做事。因此，我们想要改掉自己浮躁的坏习惯，就可以提高自控力。

当我们能够静下心来，专心去做一件事情，不再追求速度，而是讲究质量时，我们反而容易做好一件事，效率也会变高，用的时间也会变短。

2016年是自媒体爆发的一年，孙强想要抓住这个机会。于是下定决心开始做自媒体，他很快就把工作辞掉，专心做自媒体。

刚开始时，他看到别人依靠数量取胜，每天发布好几篇文章，甚至是十几篇。他开始着急，怕自己跟不上节奏。接着，他迅速提高自己的速度，每天发十篇文章以上。但这些文章都是他快速赶出来的，内容空虚，根本没有阅读的价值，因此，阅读量也非常少。

他看到这种情况非常着急，决定改变思路，不再追求数量，而是追求质量。他每天坚持查阅大量资料，然后，把文章写出来，再经过仔细删减和修改以后，才发表。没过多久,他的文章阅读量就上来了。

静下心来,我们才能有更多的精力放在事情本身上,去好好做一件事。如果内心浮躁,只会让我们去幻想结果,并迫切地希望得到回报。这种迫切的需求,只会让我们的心变得越来越浮躁,能力却不能得到提升。

静下心来,提升我们的能力,才是关键的。只有我们的能力强了,自控力强了,才能按照自己的节奏来走,也就更容易把一件事情做好了。

我们想要改掉浮躁的坏习惯,静下心来做好一件事,以下几种方法会有很大的帮助。

方法一:阅读诗歌。华兹华斯曾说:"诗歌是取自记忆中的安宁之感。"阅读一首优美的诗歌,当我们用心去读,就会把我们带入到一个美妙的诗歌世界。在这个世界中,我们能够忘掉很多烦恼,沉浸在作者的世界内。特别是那些有很美的意境的诗歌,能够让我们久久回味,放松心情,静下心来。

方法二:闻一闻花香。2013年,英国的一项研究表明:香气能够帮助人们提升75%的认知记忆。日本的研究发现:草本植物的香气能显著降低皮质醇水平,舒缓压力,让人内心更加平静。我们在办公室的办公桌上放一些花,在家里面养几盆花,都能达到这个效果。

方法三:身体做一些伸展运动。当我们感觉到浑身疲急,内心烦躁时,可以起身,舒展一下胳膊,扭动一下身体,抬一抬腿,耸耸肩等等,让自己随性缓慢动起来,这样能很好地缓解压力和心情,使自己平静下来。

处于浮躁的社会中,我们要保持一颗沉静的心。拒绝浮躁,安心做自己的事情,把需要做到的事做好了以后,我们离成功也就不远了。

8. 找借口:多找方法,你的能力自然会提高

早上上班迟到了,找借口说路上堵车了,实际上是早上多睡了会;工作没做好,找借口说自己没状态,实际上是偷懒不想做;晚上回家晚了,找借口说加班,实际上是跟朋友在一块喝酒。这些场景几乎每天都会发生在我们周围。

生活中,存在着这样一群人,他们无论是做错了什么事情,总能找到各种借口去试着说服别人。这其中不乏有一些非常经不起推敲的借口,甚至这些借口连他们自己都不相信,却依然能够说出口。

这些人一般都有这样的特点:管不住自己、做事爱出错、害怕承认错误、能力低下等等。"承诺一致原理"是心理学上的一个专业术语,说的是当你做出一个决定和表态

时，你后面的言行会不自觉跟你的决定和表态表现一致。

心理学家曾经做过这样一个实验：研究者随便找到一个人，在他身边铺上沙滩浴巾，然后离开让助理躺在沙滩浴巾上听收音机音乐，过一段时间离开，到海边去。当助理离开以后，研究人员装成小偷，把收音机拿走。"偷窃"事件上演了20次，旁观者出手阻止的次数只有4次。

随后，研究者让助理离开去海边之前，请求周围的人帮忙看着他的东西，得到答应之后才离开。研究者再次重复"偷窃"20次，结果19回被阻止了，甚至还被阻拦。

承诺一致原理是人类的一种机械反应，在社会中被称为"言行一致"。而我们之所以找借口也是因为总希望得到别人的认可，不希望因为自己而违背了对别人的承诺。

当我们因为自己的过失，无法完成对别人的承诺时，往往不愿意承认自己的失败，控制不住自己内心的失落感，总想找到一些外因，来摆脱失落感，让自己觉得这不是自己的错，从而逃脱内心的自责。

我们不断地为自己找借口的时候，也就慢慢失去了面对问题的勇气，不愿意面对当前所遇到的问题，更不愿意去解决。久而久之，我们变得越来越脆弱。越来越经不起考验。以后，我们再做任何事，都很难做好。

美国著名作家泰勒在《没有借口》说中说："你若不想

第八章
更新自我，拒绝被坏习惯"绑架"

做，会找到一个借口；你若想做，就会找到一个方法。"

所以，我们要改掉找借口的坏习惯，需要提高我们的自控力，控制好自己的失落感，当我们没有完成对别人的承诺时，不要因为内疚而失落，应该积极面对问题，大胆承认自己的过错，正视自我，并迅速调整自己，战胜失败，重新把事做好，挽回面子，也赢得别人的尊重和信任。

2014年2月1号，原计划晚上7点在河南艺术中心上演的话剧《暗恋桃花源》，由于主演谢娜乘坐的北京到郑州的飞机延误，晚点了两个半小时，最终在晚上十点才到达了演出地点。

在晚点的期间，谢娜不断地在微博上述说迟到原因，并向郑州观众道歉。当《暗恋桃花源》在10点零5分开演时，谢娜突然向郑州观众下跪道歉。

她的这一行为，不仅赢得了原谅，并获得了众多网友的支持。

谢娜没有为自己找借口，而不去道歉，相反，她选择了道歉并且以下跪的方式道歉。不仅没有影响到节目的效果，反而让人更加尊敬她。

生活中，我们在面对已经发生过的事情，没有办法改变，有时候错了，就要勇敢地承认错误，而不是去找借口，用实际行动，来为错误弥补，不仅能够获得别人的好感，同时也能让自己努力行动起来，提高自己的能力。

洛克菲勒曾说："我鄙视那些善找借口的人，因为那是懦弱者的行为；我也同情那些善找借口的人，因为借口是制造失败的病源。"

"没有任何借口"是美国著名军校——西点军校200年来奉行的最重要的行为准则。每一位新生都会被传授这样一个理念。在这个理念影响下，每一位学生去想尽一切办法完成一项任务，而不是为自己找借口，哪怕是合理的借口也是不行的。所以，西点军校出了很多非常著名的军事家。

改掉找借口的坏习惯，我们就不会再为自己的不努力找借口，而是想尽办法去解决问题，当我们把众多难题都解决了，自然也就变得优秀了。

9. 依赖：靠谁，都不如靠自己

我们周围会有这样一群人，他们总是离不开别人，一旦别人离开或者别人不再帮助他们，就会六神无主，不知道自己应该怎样做，做什么都很难做成。这些人就是养成了依赖的习惯。

形成依赖习惯的人会有这样的表现：不能独立思考、害

第八章
更新自我，拒绝被坏习惯"绑架"

怕独自去做一件事、经常犹豫不决、对自我否定等等。

依赖分为两类：主观依赖和客观依赖。

主观依赖是指个人的价值完全依赖于他人的肯定，那么自己做的任何事情，都会感觉到没有任何价值。只有自己做的事得到了他人的肯定，自己的价值才能体现出来。

客观依赖主要是对于物质的依赖，这些物质包括：美食、金钱、汽车等等。

主观依赖的同时，客观依赖也一定存在，客观依赖，也会在一定程度上促进主观依赖。两者并没有太明显的界限。

依赖的形成主要受外部影响和内在因素两个方面。外部环境的影响包括：家庭环境、工作环境等。现在很多独生子女都被他们的父母当成宝贝一样看待，无论提出什么样的要求，父母都愿意尽他们最大的努力满足。由于父母的宠爱，甚至是溺爱，导致很多人形成了对父母的依赖，什么事情都离不开父母。

在工作中，往往由于上司的独断专权，丝毫不给个人的发挥余地，或者是小组成员中，有能力非常强的同事，往往能够带领团队把事做好。在这两种情况之下，我们就非常容易依赖那些能力更强的人，而且这种依赖往往是长期性的。

内在因素主要是指一个人的性格因素。那些性格比较懦弱、不愿意出风头甚至是害怕承担责任的人。他们往往不愿意去承担独自做一件事的风险,就会形成对集体的依赖,别人让他们做什么就做什么。

爱迪生说:"坐在舒适软垫上的人容易睡去。"当一个人过于依赖就会在自己周围形成一种特定的生活环境,这种环境会使我们缺乏安全感。而缺乏安全感,又会让我们对自己的能力不自信,不敢放开手去做,做什么事都畏首畏尾,最终,难成大事。

现代社会中的每一个人,在刚开始做事的时候,往往都要依靠他人的帮助和指导。那些自控力差的人,很容易就把依靠变成了依赖,对自己完全丧失了信心。而自控力强的人,在依靠别人的时候,能够控制自己,保持一定的独立,当他们通过自己的努力获得一定的成果以后,就会脱离依靠,变得独立。

所以,我们要改掉依赖的坏习惯,走向独立。把我们的自信心重新找回来,依靠自己的力量来做事。

在美国,有一个一岁左右的小男孩,他的妈妈带他来到了一个公园的广场前,要上十二个台阶。小男孩艰难的一个、一个上,妈妈准备拉他一把,但他却挣脱了妈妈的手,想要自己爬上去。他用胖胖的小手不断地向上爬,他的妈妈没有再去帮他。

当他爬上了几个台阶以后,他感觉到了台阶的高度,回

第八章
更新自我，拒绝被坏习惯"绑架"

过头来看他的妈妈，当他的妈妈并没有伸出手抱他的意思，只是看着用慈爱、鼓励的眼神看着他。小男孩转过头去，吃力地向上爬着。最后，他终于爬了上去。

这个人就是后来的美国第16任总统林肯，他的母亲便是南希·汉克斯。

如果小时候的林肯上台阶时，获得了妈妈的帮助，林肯很有可能会形成对妈妈的依赖。就不会有后来那个经历无数次失败，依旧坚持不放弃的美国总统林肯。

在生活、工作中独立，对别人不依赖，能够让一个人锻炼出坚韧的性格。依赖别人，我们就不用考虑自己应该承担什么责任，遇到任何事情，都不用去操心，因为有人会为你去做。而不依赖别人，所有的事情都需要自己来处理，无论是遇到困难，还是挫折，都鼓足勇气去面对、去克服，做到了这些，你才会变得更加独立、更加坚强。

独立不依赖，还能帮助我们建立起真正的自尊。每个人都有自尊心，一个没有自尊的人往往也得不到他人的尊重。一个无法独立的人，在别人的眼里就是一个没有自尊的人，同样也是一个不被尊重的人。只有摆脱依赖，成为一个真正独立的人，无论你成功还是失败都能得到别人的尊重。

想要摆脱依赖，就要提高自控力，消除自身的惰性。大多数人依靠别人都是因为自己不愿意付出，怕吃苦，总把别人当成靠山，总想着出事了有别人顶着，为自己的不努力频繁找借口。所以，要摆脱依赖，就要消除自身的惰性，凡事自己先做，亲身去做，遇到了问题可以请教别人，但一定要独立把事情做完、做成。

当然摆脱依赖不是一蹴而就的，依赖形成以后，彻底改掉需要一个过程，要一步一步来。我们可以从小事做起，从一件容易完成的事情开始，比如完成当天的工作量。通过不断地完成一件件小事，不断地挑战自己，渐渐地，自信心就会建立起来，当我们有了一定的自信心，也就能逐步戒掉依赖，变得独立了。

改掉处处依赖的坏习惯，独立做事，我们的能力才能慢慢提高，只有自我强大了，对未来才会有信心，才会让生活变得越来越好。